Ivan Sivec

DIE FORMEL DES TODES

ICO
2015

Die Formel des Todes
Autor: Ivan Sivec; ivan.sivec.net/de/

Cover-Design: Tina Švajger
E-Book: PDesign oblikovanje, Peter Dobaj s.p., www.pdesign.si
Übersetzung aus dem Slowenischen von Christina Fleischhacker
Lektorin: Tjaša Košir
Verlag: ICO d.o.o.
Das Erscheinungsjahr: 2015

ICO založništvo in trženje, d.o.o.
Pri bajerju 33a
1234 Mengeš
Slowenien

Tel.: +386 (0)1/831-02-10
Fax: +386 (0)1/7831-02-15
Mobil: +386 (0)41/68-94-94
E-mail: info@ico.si
Internet: www.ico.si

CIP - Kataložni zapis o publikaciji
Narodna in univerzitetna knjižnica, Ljubljana

821.163.6-93-311.2

SIVEC, Ivan, 1949-
    Die Formel des Todes / Ivan Sivec ; [Übersetzung aus dem Slowenischen von Christina Fleischhacker]. - Mengeš : Ico, 2015

Prevod dela: Formula smrti

ISBN 978-961-6868-54-9

279213056

**Dieses Buch ich ein unsterbliches Andenken
an den Formel-1-Fahrer Ayrton Senna**

*Alle Ähnlichkeiten mit lebenden Personen und realen Handlungen
sind rein zufällig*

G.I.F.T.

I.
Ein verhängnisvolles Rennen

Mehr als hunderttausend Zuschauer in Monza • Königspark zum Bersten voll • Am Start steigt die Spannung • Schumi auffällig ruhig • Brian denkt über den Sinn des Lebens nach • Der Tod kommt in der letzten Kurve • Doppeltes Rettungsteam • Verdächtige Aufnahme

Der Journalist Mark Novak hat in seiner langjährigen Karriere schon einiges erlebt. Über Formel-1-Rennen hatte er aber bis jetzt nur gewusst, dass es sich dabei um einen schnellen und gefährlichen Sport handelt. Jedoch zog ihn in der Rennsaison dieser Sport ganz von allein an. Man sagte, dass der vierfache Weltmeister Brian East aus Australien über hundert Drohbriefe italienischer Formel-1-Fans bekommen hatte. Die Zeitungen schrieben, dass Renault über Nacht einen neuen Motor entwickelt hatte, der hier in Monza gemeinsam mit Williams zum ersten Mal die Zähne zeigen würde. Zu hören war, dass sich Umweltschützer aus Protest während des Rennens auf die Rennstrecke legen würden. Die Klatschspalten bauschten schon seit drei Wochen eine Dreiecksbeziehung zwischen East, seiner Frau Patrizia und seiner Geliebten Linda auf.

Zu dieser Zeit wusste Novak noch nicht, dass es sich nicht nur um ein entscheidendes, sondern auch um eines der verhängnisvollsten Formel-1-Rennen der letzten zehn Jahre handeln sollte!

Kaum war Novak mit seinem roten Golf im Königspark angekommen, hörte er auch schon die Motoren laut aufheulen.

Start! Das Training hatte begonnen.

Es hatte den Anschein, als ob sich die Erde öffnen und der Himmel erbeben würde. Der ganze Königspark erzitterte. Wird sich der verhängnisvolle Vorfall gerade jetzt ereignen?

Die Menge hinter den Absperrungen tobte. Novak stellte schnell sein Auto am Straßenrand ab und eilte in Richtung Rennstrecke.

»Schumi!« schrien zehntausende Zuschauer und schwangen dabei ihre roten Ferrari-Fahnen. Schumacher fuhr für Ferrari und ganz Italien – mit Monza an der Spitze – vergötterte ihn.

»East! East muss gewinnen!« schrien andere Gruppen von Fans.

Seitdem das Training nur noch eintägig war, war es noch wichtiger geworden, da es entschied, wer beim Rennen am Sonntag aus der Poleposition starten würde.

Mark Novak versuchte sich möglichst nah an die Rennstrecke durchzuschlagen. Er sah nicht viel. Die Menschenansammlung hinter den Absperrungen war so groß, dass er das Training nur aus der Ferne vom Wald aus beobachten konnte. Nur hier und da jagte mit unglaublicher Geschwindigkeit ein Rennwagen vorbei und brüllte dabei wie ein verletztes Raubtier auf.

»Augenblicklich hält Michael Schumacher die Bestzeit,« verkündete der offizielle Platzsprecher. »Es scheint aber, dass es Brian East noch einmal wissen will.«

Die Fahrer begaben sich erneut einer nach dem anderen auf die Strecke.

Novak biss verärgert die Zähne zusammen. Wenn er sich das gesamte Rennen aus einer solchen Entfernung ansehen muss, dann wird er nur über den Königspark, die hunderttausendköpfige Menge, über die dutzenden bunten Stände und den Bergen von Müll auf Schritt und Tritt berichten können... Vom Rennen selbst jedoch verdammt wenig!

»Verflixte FIA!« murmelte er in seinen Bart. Vor drei Monaten hatte er nämlich schon um die Akkreditierung angesucht, damit er sich das Rennen aus der Nähe, von der Pressetribüne aus, ansehen darf. Aber er hatte sie nicht bekommen. Er war von Natur aus nicht neidisch, aber diesmal ging es ihm nicht in den Kopf, dass die beiden Fernsehberichterstatter Niko Mihelic und Miran Alisic die Akkreditierung bekommen hatten, er aber – einer der besten Radiojournalisten – nicht!

Würde er überhaupt in die Nähe des viermaligen Weltmeisters Brian East kommen?

Oder in die Nähe von Michael Schumacher, denjenigen Rennfahrer, über den in den letzten drei Jahren am meisten geschrieben wurde? Oder in die Nähe der anderen bekannten Rennfahrer?

Es sah hoffnungslos aus. Er stand kraftlos in der Mitte des Parks und schüttelte den Kopf.

Alles, was er nach dem einstündigen Training aufschnappen konnte, war die Information, dass Brian East Trainingsschnellster war.

»Ein alter Fuchs gibt nicht auf,« sagte sich Novak und gab sich dem Warten hin. Heute würde er sich schon noch gedulden, wichtig war nur, dass er sich morgen Nachmittag das eigentliche Rennen ansehen konnte. Es stimmt also nicht, dass Schumacher Brian East ausstechen wird. Schumacher war im Vergleich zu Brian doch noch zu grün hinter den Ohren.

Nach dem Training entspannte sich der Verkehr im Königspark, der von außen einem botanischen Garten ähnelte, soweit, dass er mit seinem Golf bis zum Parkplatz in der Nähe der Haupttribüne fahren konnte.

»In der Nähe der Haupttribüne, unter der größten und ältesten Eiche,« dorthin hatte ihn der Journalist Mihelic bestellt. »Wenn du die Eiche findest, werde auch ich dich finden.«

Er fuhr mit dem Golf unter den starken Ästen hindurch und streichelte das Dach seines Wagens. »Du gehörst noch nicht auf den Schrottplatz. Auch mit dir kommt man weit.« Hinter ihnen beiden lagen nämlich fünfhundert Kilometer von Ljubljana bis Monza.

Unweit von der riesengroßen Eiche entfernt, erhob sich ein kräftiges Stahlgerüst. Es wirkte wie ein Fremdkörper in diesem Park. Unter der Zusehertribüne befand sich die Zielgerade, auf der anderen Seite die Tribüne für die Gäste sowie die Boxen der Rennfahrer mit ihren Rennwagen.

»Oh, schau nur, wen ich da sehe!« kam lachend ein bekanntes Gesicht hinter einem Baum hervor. Es war Niko Mihelic, der bekannteste Formel-1-Kommentator. »Ich habe dich schon vor dem Training gesucht. Na ja, nur gut, dass du die Eiche gefunden hast, sonst hätten wir uns nie getroffen.«

»Ich habe sie wirklich kaum gefunden, obwohl der Baum sehr groß ist,« gestand Novak ein. Seine Augen blieben auf dem Anhänger, den Mihelic um den Hals trug, hängen: die Akkreditierung.

»Du hast sie bekommen, was?!« zeigte er etwas beleidigt auf sie.

»Und ich soll mich wohl nach dem Salatpreis am Markt erkundigen?«

»Hm, ich habe sie schon seit zehn Jahren. Schon seit damals als wir noch alle, auch die Rennfahrer, vor dem Rennen in den Boxen schliefen. Damals waren wir Formel-1-Journalisten noch seltene Schwärmer, heute aber interessiert sich für die Formel 1 schon jedes Kind. Es gibt Journalisten aus aller Welt wie Sand am Meer.«

»Heißt das, ich bin nicht der Einzige, der die Akkreditierung nicht bekommen hat?«

»Im Gegenteil! Von zehn, fünfzehn bekommt sie nur einer... Es tut mir leid, dass du einer von denen bist... Aber zerbrich dir darüber nicht den Kopf! Du willst ja sowieso nur eine Radioreportage über die Rennatmosphäre machen. Das kannst du auch bequem von der Tribüne aus. Ein wenig wirst du auch im Königspark herumspazie-

ren wollen. Und noch einen Ratschlag, altes Haus: Schlaf lieber im Auto! Sonst wirst du dich morgen bis sieben Uhr am Abend nicht zu der Tribüne durchschlagen können! Heute waren im Park schon über hunderttausend Besucher. Morgen werden es noch mehr sein.«
»Na ja, das hatte ich auch auch so beabsichtigt. Könntest du mich wenigstens jetzt zu East oder Schumi bringen?«
»Du liebst es wohl Witze zu reißen!« fing Mihelic an zu lachen. »Selbst ich darf sie kaum stören. Und ohne Akkreditierung kommst du überhaupt nirgends hin. Auch für die Haupttribüne sind die Eintrittskarten schon drei Monate im Vorhinein ausverkauft. Tschüss, ein französischer Journalist erwartet mich. Wir sehen uns später... Ich kam nur rasch, um sicherzugehen, dass du heil in Monza angekommen bist.«

Novak blieb wieder alleine in der Menge zurück. Er fühlte sich wie ein Häuflein Elend. Ohne ein wirkliches Ziel streifte er umher. Überall stand Auto an Auto, Motor an Motor, Stand an Stand, Zelt an Zelt. Es sah so aus, als ob die modernen Hunnen den Königspark bis in den letzten Winkel, bis zum letzten Grashalm, eingenommen hätten. An allen Ecken wurde vor den Zelten gerillt und gekocht, auf der Erde lagen zu Tausenden Dosen, Becher, Papierhaufen...

Den Journalisten überraschten am meisten die Aufschriften:
»SCHUMI, SCHUMI – WER ZUM TEUFEL IST BLOSS SCHUMI?«
»NIEMAND WIRD ES WAGEN, UNSEREN BRIAN EAST ZU SCHLAGEN! «
»FERRARI – ÜBER ALLES! «

Auf jedem Schritt sah man irgendein Zeichen des italienischen Automobilriesen. Überall flatterten die roten Fahnen mit dem schwarzen Hengst, jeder zweite war mit einem roten Pullover oder T-Shirt bekleidet, und an unzähligen Verkaufsständen wurden ausschließlich Souvenirs von Ferrari verkauft.

Novak kämpfte sich bis zum unteren Teil der Strecke durch die Gruppen von Fans hindurch, die ihr Lager dicht hinter der Absperrung an der Rennstrecke aufgeschlagen hatten.

Alles in allem war die Strecke fast sechs Kilometer lang, doch der Hauptteil der Zuseher hatte sich auf gut einem Kilometer entlang der Haupttribüne niedergeschlagen.

Er kehrte zu seinem Golf zurück und gönnte sich ein Abendessen. Ein Sandwich, den er aus noch Ljubljana mitbrachte. Danach packte er seinen Schlafsack aus und baute sich mitten imKönigspark eine Schlafstätte auf.

»Heute Nacht werde ich wie ein Bettler im Königspark schlafen.«

Wer weiß, woher die jungen Leute die Energie nahmen, denn die ganze Nacht erzählten sie sich lautstark Witze, spielten Karten am Lagerfeuer, spielten auf der Gitarre, sangen und kreischten, suchten einander, verfluchten die anderen Fans, schmusten und stritten. Sie kochten auf dem Gaskocher, sprangen über die glühende Asche, bewarfen sich mit Tannenzapfen, hängten Fahnen auf die Bäume und kletterten wie Affen in den Ästen herum... Zwischendurch probierten einige hundert Besucher auch Motoren aus, starteten Autos, irgendwo in der Nähe der Rennstrecke wurde um drei Uhr nachts auch ein Formel-1-Motor getestet... Wann immer Mark seine Augen öffnete, passierte irgendetwas. Na ja, eine Radioreportage lässt sich auch darüber machen. Es war auf alle Fälle spannender hier, als über den Salatpreis vom Markt berichten zu müssen!

»Wenn ich heil nach Hause kommen sollte, ist das schon ein schöner Erfolg,« sagte er sich bei Tagesanbruch, als er unausgeschlafen aus dem Schlafsack kroch. Er war froh, dass ihn in der Nacht niemand versehentlich totgetreten oder überfahren hatte.

»Altes Haus, ich sag' dir, im Lager von Williams geht etwas Besonderes hervor,« kam am Morgen sein Kollege Mihelic, um ihm das mitzuteilen. »Brian East wirkt, obwohl er gestern der

Trainingsschnellste war und aus der Poleposition starten wird, irgendwie nachdenklich und besorgt. Er und Schumacher würdigen sich überhaupt keines Blickes. Seit Schumi bei Ferrari ist, scheint es, dass er mehr mit Autos als mit Menschen zu tun hat.«

»Warte, habe ich die richtigen Informationen: Schumacher hat bis jetzt zweiundachtzig Punkte und East achtzig gesammelt. So ist er ihm immer noch knapp auf den Fersen. Wenn East heute gewinnt, wird er Schumi überholen.«

»So ist es! Interessant wird auch der Kampf um den Konstrukteurstitel, um die Punkte der Rennställe. Die Motorenhersteller sind noch schlimmere Konkurrenten. Du weißt ja, dass getrennt um Titel gekämpft wird: die Rennfahrer für sich und die Konstrukteure für sich. Unter den Konstrukteuren liegt Williams mit vierzehn Punkten vorne. Auch wenn heute Schumi mit Ferrari siegen würde, würde er ihn noch immer nicht überholen. Wenn jedoch East gewinnt, wäre den Konstrukteuren von Williams bereits zwei Rennen vor Saisonende der Sieg sicher.«

Novak interessierten die Menschen mehr als die Punkte.

»Ist Herr Frank Williams auch hier? Hast du ihn schon gesehen?«

»Ja, hab' ihn schon gesehen! Gestern hat er bereits eine Pressekonferenz gegeben.«

»Und was hat der Teamchef des Rennstalls so gesagt?«

»Dass der Kampf schwierig wird. In Monza sei das immer so. Halb Italien lebt mindestens einen Monat im Jahr nur für Monza.«

»Und wie geht es Frank Williams sonst so?«

»Wie immer, es geht so. Während der Rennen macht ihm gern das Herz zu schaffen – schon öfter hatte er einen leichten Herzinfarkt. In der Zeit, in der keine Rennen stattfinden, ist er aber noch immer derselbe alte Frank, der Mensch, der sehr viel für den Autorennsport getan hat.«

Und schon wieder war Mihelic spurlos verschwunden.

Am Vormittag war auf der Rennstrecke die ganze Zeit über etwas los. Es fuhren Oldtimer umher, es fuhren die Veteranen des Rennsports, es gab mehrere Rennen zu Werbezwecken, die Formel-1-Piloten stellten sich auch vor... Hunderte von Dingen waren los! Novak machte nur eines, er zeichnete mit seinem Tonbandgerät ein Interview mit drei Slowenen auf, die regelmäßig nach Monza kamen. Es war unmöglich, die Absperrung zwischen den Zusehern und den Rennfahrern zu übersteigen. So viele Sicherheitsleute wie in Monza gab es bei keinem anderen Rennen.

»Nun, wenn ich kein Interview mit einem Rennfahrer bekommen kann, werde ich eben ausführlich über die Rennatmosphäre berichten,« versuchte sich der Journalist Novak zu trösten.

Schon um zehn Uhr vormittags war der Königspark brechend voll. Auto an Auto, Motor an Motor, Mensch an Mensch. Es sah so aus, als ob sich hier die ganze Welt versammeln würde. Größere Gruppen sangen lautstark, um schon von Weitem die Rennfahrer anzufeuern. Tausende Menschen waren in den Nationalfarben ihres Rennfahrers gekleidet und hatten sich in denselben Farben auch ihr Gesicht bemalt.

Aus den Lautsprechern entlang der Rennstrecke ertönte die ganze Zeit die Stimme des Platzsprechers.

»Gerade wurde durchgegeben, dass schon hundertfünfzigtausend Karten verkauft worden sind! Wenn es so weitergeht, wird das diesjährige Rennen in Monza den Rekord des Vorjahres, bei dem im Königspark fast zweihunderttausend Besucher gezählt wurden, übertreffen.«

Novak überlegte. Was zieht nur so viele Menschen nach Monza? Der Heldenmut der Rennfahrer, die prächtigen Rennwagen, die unmenschliche Geschwindigkeit oder der Teamgeist?

Auf dem riesigen Bildschirm in der Nähe des Startraumes konnte man das Geschehen besser verfolgen als mit jedem Fernglas. Die

Kamera bewegte sich zwischen den Rennfahrern. Sie zeigte ungewöhnlich lange die beiden Hauptrivalen: East und Schumacher. Novak stellte auf den ersten Blick fest, dass Schumi unglaublich gelassen und kühl wirkte, dass er – sozusagen – alles um sich herum vergessen hatte. Er konzentrierte sich allein auf das Rennen. East hingegen wirkte angespannt, nervös, ununterbrochen nahm er seine Handschuhe von einer Hand in die andere, brachte seinen Helm in Ordnung, winkte den Mechanikern noch aus dem Wagen etwas zu... Alles störte ihn.

»Wird der vierfache Weltmeister East gewinnen, oder wird der Sieger diesmal Schumacher sein, der von Rennen zu Rennen besser wird – das ist jetzt die Frage,« stellte der Platzsprecher fest.

Novak kramte in seiner Erinnerung. Der Australier East hatte Benzin im Blut. Schon sein Vater fuhr in der Formel 1. Mit dem Rennsport hatte er knapp zehn Jahre nach dem Unfall seines Vaters begonnen. Der Vater kam mit schlimmen Verbrennungen und einer Wirbelsäulenverletzung davon, doch nach dem Unglück war er an den Rollstuhl gefesselt. Allerdings ließ Brian sich nicht davon abhalten, in die »Rennfußstapfen« seines Vaters zu treten. Er stieg unglaublich schnell über landesweite Rennen zur Formel 3 auf, war dort um eine Klasse besser als alle anderen und stieß sozusagen über Nacht zur Formel 1. Zwischendurch hatte er auch ein wenig Glück im Unglück gehabt. Der zweite Fahrer vom Team Williams hatte beim Rennen in Imola großes Pech – er prallte in eine Wand und verletzte sich schwer – und so konnte Brian auf die Schnelle dessen Platz im Team einnehmen. Der Aufstieg erfolgte blitzschnell. Schon im folgenden Jahr wurde er Dritter, den Konstrukteuren brachte er damit zweiundsiebzig Punkte. Danach musste er wegen einer Verletzung der Halswirbelsäule ein Jahr pausieren, doch schon im Folgejahr wurde er Weltmeister. Und danach noch drei Mal in Folge! Dieses Jahr winkte ihm bereits der fünfte Weltmeistertitel, wenn...

Wenn nicht wie aus dem Nichts ein neuer Stern des Autorennsports aufgegangen wäre: Schumacher. Immer war es so. Es kam ein Jüngerer, Besserer, der sich besser mit dem Motor auskannte oder der einfach kühner war, und der Ältere musste seine Koffer packen und gehen. Und auf East lagen noch ein Dutzend anderer Schatten.

»Mein Vertrag läuft schon Ende dieser Saison aus,« antwortete East auf die Frage, wie lange er denn noch Rennen fahren würde. Beim gegnerischen Team, McLaren, hatte man ihm eine dreimal höhere Summe angeboten, als er bei Williams-Renault bekam, dennoch hatte er sich noch nicht entscheiden können, den Vertrag zu unterschreiben. »Ich werde mich wahrscheinlich nach dem letzten Rennen in Adelaide entscheiden.«

Und Schumi, dieser verdammte Schumi, der die Fans auf allen Kontinenten spaltete. Deutschland war ganz verrückt nach ihm. Vielerorts sprachen Fachmänner und Fans nur davon, dass es so einen Rennfahrer bis jetzt noch nicht gegeben hatte. Viele warfen ihm deshalb vor, dass ihn nur der Sport allein interessieren würde und nichts anderes. Man hat ihm krumm genommen, dass er den Tod von Senna in Imola so kühl akzeptiert hatte. Gesagt hat er dazu nämlich nur: »Was kann ich machen, einer meiner Konkurrenten ist gestorben. Fahrer sterben in der Formel 1 auch mal. Bis heute starben bei Rennen schon über siebzig Fahrer...« Na ja, vielleicht hatte er dazu noch mehr geäußert, aber so stand es jedenfalls in den Zeitungen.

Die Worte von Mihelic klangen in Novaks Ohren noch nach. Im Lager von Williams wird etwas geschehen... Haben sie etwa zwischen dem letzten und dem heutigen Rennen einen neuen Motor gebaut? Unmöglich! Werden sie nach dem letzten Rennen in diesem Jahr die Fahrer austauschen, auch East? Aber wer tauscht schon ein Pferd aus, das gewinnt! Wird das gesamte Team Abschied vom Rennsport nehmen? Das wäre doch Unsinn! Jeder Sieg, jeder Preis füllte den Geldbeutel von Williams' Team erheblich, sodass es eine bessere Werbung mit East kaum zu bekommen könnte. Sollte sich wirklich ein Verbrechen ereignen? Auf dem großen Bildschirm wurde erneut das Bild von East gezeigt. Sein Gesicht in Großaufnahme. Fünf mal sechs Meter.

»Worüber wohl East in diesem Moment nachdenkt?« murmelte der Journalist Novak vor sich hin. War er in seinen Gedanken überhaupt beim bevorstehenden Rennen? Was ist, wenn er sich gedanklich auf der Farm seines Vaters in Australien, oder auf einem Besuch bei seiner Auserwählten in der Schweiz, vielleicht sogar bei seinen Freunden in der Kneipe befindet?

»Schumacher hat allen anderen Rennfahrern gegenüber einen großen Vorteil, er kennt nämlich seinen Rennwagen bis ins letzte Detail. Die Mechaniker von Ferrari erschufen ihn genau nach seinen Vorgaben. Dass sie sich wirklich gut ergänzen, zusammenarbeiten, ein gutes Team sind, bestätigen seine letzten Siege. Fahrer wie East sind am Aussterben. Es ist nämlich zu wenig, nur das richtige Gefühl auf der Rennstrecke zu haben, seinen Wagen gut zu führen, mutig und kühn zu sein.«

So stand es in der italienischen Zeitung »La Stampa Sportiva«, die selbstverständlich auf der Seite von Ferrari und Schumacher war.

Pünktlich um zwei Uhr begann die Aufwärmrunde. Alle vierundzwanzig Rennfahrer nahmen die Positionen ein, die durch ihre Trainingszeiten vorgegeben waren. Aus der Poleposition startete East, neben ihm Schumacher, hinter den beiden stand der zweite Fahrer von Williams, Edwards, und auch der zweite Fahrer von Ferrari, Irwine. Der Zufall wollte es so, dass nach dem Training auf den vier ersten Startplätzen alle Fahrer standen, die entscheidend auf das Rennergebnis von Monza Einfluss nehmen könnten.

Als das Zeichen zum Start gegeben wurde, ging auf den Tribünen ein Raunen durch die Zusehermenge. Jeder wollte seinen Favoriten im Rennen verfolgen, ihn und sein Auto möglichst lautstark anfeuern.

Die Fahrer hatten schon ein letztes Mal durch Zick-zack-Fahren die Autos getestet und so festgestellt, ob mit dem Auto wirklich alles in Ordnung war, wie die Reifen auf der Rennstrecke griffen und ob die frühe Herbstsonne sie tatsächlich während des Rennens irritieren würde.

Die Aufwärmrunde verging ohne besondere Vorkommnisse. Niemand hatte überholt oder einen Fehler begangen. Alle näherten sich mit mäßiger Geschwindigkeit ihrem Startplatz. East fuhr auf die Poleposition, Schumacher neben ihn, ebenfalls in der ersten Reihe, die anderen standen in den Reihen hinter ihnen.

Die Anspannung vor dem Start wuchs von Augenblick zu Augenblick. Man konnte auf dem großen Bildschirm sehen, dass East von allen am meisten angespannt schien.

Eine Minute bis zum Start.

Die grüne Fahne, das Zeichen, dass die Ampel auf Grün geschaltet werden soll, wurde geschwenkt.

Grünes Licht!

Start!

Die meisten Zusammenstöße passieren gerade beim Start. Jeder Fahrer versucht hier die beste Position einzunehmen. Sehr oft schon war der Start für den Ausgang des Rennens entscheidend gewesen.

Manchmal türmten sich fünf, sechs, auch sieben Rennwagen auf einen Haufen. Oft musste der Start wiederholt werden. Manchmal jagten die vorne gestarteten Fahrer davon, Zwischenfälle gab es jedoch bei den hinteren.

Dieses Mal klappte alles. Der Start war geglückt. Es dröhnte, als ob die Welt einstürzen würde. Nicht nur die Tribünen und der Boden um den Startplatz bebten, sondern auch der ganze Königspark.

Zur großen Enttäuschung der italienischen Fans war East gut weggekommen und gab kräftig Gas. Er näherte sich der ersten Kurve so geschickt, dass er die Ideallinie fahren konnte und Schumacher gleichzeitig den Weg abschnitt, sodass dieser ihn nicht überholen konnte, obwohl er es versuchte.

Auf der Geraden nach der ersten Kurve wurde dieser taktische Zug von East mit ein paar Metern Vorsprung belohnt. Weil Schumi beabsichtigte, ihn zu überholen, fuhr er in der Kurve zu weit auf die Seite, musste deshalb stärker bremsen und gab sich sehr große Mühe, seinen Rennwagen zu beherrschen. All das machte sich in einem überraschenden Rückstand bemerkbar.

»Wenn mich meine Augen nicht täuschen, hat East in der ersten Kurve Schumacher ziemlich gemein geschnitten... Na ja, bis zum Ende des Rennes wird unser Schumi das noch zehn Mal aufholen.«

Novak drängte sich in die Nähe des großen Bildschirmes. Er wollte wenigstens das Klassement nach der ersten Runde aus der Nähe sehen. Schon nach einer schwachen Minute – den Streckenrekord hielt noch immer Hill mit einer Minute und dreiundzwanzig Sekunden – tauchten sie mit voller Geschwindigkeit wieder vor ihm auf. Erster East, Zweiter Schumacher, Dritter Irwine, Vierter Edwards... Zuerst also der Williams-Renault-Fahrer, danach zwei Ferrari-Piloten, dann der zweite Williams-Fahrer, die Nummer Zwei, wie Edwards auch später noch oft genannt werden sollte. Die Zuseher begrüßten die vier Fahrer begeistert. Am heftigsten wurden die roten Ferrari-Fahnen geschwungen, obwohl ein Williams-Fahrer führte.

Die gleiche Reihenfolge gab es auch nach der zweiten, dritten und vierten Runde...

Das Rennen, das gewöhnlich anderthalb Stunden dauerte, wurde von Runde zu Runde uninteressanter. Auf der Rennstrecke geschah fast gar nichts, alles war vorhersehbar, nur hie und da kämpfte sich einer von den hinteren Plätzen ein wenig nach vorn, was aber im Renngeschehen nicht mehr überschaubar war.

Am meisten sah man vom Rennen eigentlich auf dem großen Bildschirm an der Rennstrecke, auf dem immer wieder das Klassement, die Rückstände der Rennfahrer, die überrundeten Fahrer und die noch zu fahrenden Runden bis zum Ende des Rennens eingeblendet wurden.

Würde überhaupt etwas Außergewöhnliches geschehen? Irgendetwas von dem, was die Zeitungen vor dem Rennen aufgebauscht hatten?

Plötzlich erfasste die heimischen Fans eine Riesenfreude. Der italienische Fahrer Borelli überholte nacheinander drei Fahrer und konnte sich somit auf den siebten Platz vorkämpfen. Obwohl er für das Team von McLaren fuhr, bejubelten die Zuseher seinen Mut mit lautem Applaus und dem Schwenken ihrer roten Fahnen.

Auch Novak langweilte das eintönige Rennen und das sich kaum verändernde Klassement, deswegen begab er sich nach unten zur Rennstrecke, zur Kurve vor der Zielgeraden. Er hatte so ein Gefühl, dass sich gerade an dieser Kurve etwas Schicksalhaftes ereignen würde. Und das knapp vor dem Ende des Rennens, vor den letzten Entscheidungen.

Doch nahm das Rennen schon viel früher eine schicksalhafte Wende. Die beiden Führenden, East von Williams-Renault und Schumacher von Ferrari fuhren in die Boxen, sie tankten ungewöhnlich schnell nach und wechselten die Reifen. Als sie aus den Boxen auf die Rennstrecke zurückkehrten, lagen beide weiterhin in Führung und der Vorsprung den anderen gegenüber hatte sich sogar noch vergrößert. Geändert hatte sich nur, dass die Mechaniker von Schumacher den Boxenstopp um drei Sekunden schneller beendet hatten, was auf der Rennstrecke bedeutete, dass Schumi aufgeholt hatte und East jetzt wirklich dicht auf den Fersen war. Jetzt würde es hart auf hart gehen!

»Es ist nur noch eine Frage der Zeit, wann unser Schumi den Führenden überholen wird,« kommentierte der Platzsprecher ein wenig unsportlich die Rückkehr der beiden Fahrer auf die Strecke.

Plötzlich kam es doch noch zu einer Wendung. Die letzten beiden Fahrer hatten Motorschäden. Ein französischer Fahrer flog in der oberen Linkskurve von der Rennstrecke und schied aus. Das Lenkrad von Black fing eigenartig zu flattern an und er blieb von sich aus stehen.

Als sich das Rennen dem Ende zuneigte, gaben immer mehr Fahrer auf und es kam zu kleineren Unfällen.

Zur allgemeinen Zufriedenheit geschah nichts Schlimmeres. Motorschäden und die Verhältnisse auf der Rennstrecke bestimmten das Klassement bei jedem Rennen.

Sieben Runden vor dem Ende kam es zu einem dramatischen Umschwung. Schumacher verfolgte East wie besessen. Die ganze Zeit war er dich hinter ihm, er fuhr in seinem Windschatten und versuchte ihn in jeder Kurve zu überholen. Auch die Mehrheit auf den Tribünen war auf den Beinen.

»Schumi, Schumi, Schumi!« schrie das Publikum wie verrückt. Schumacher war offensichtlich fest entschlossen, den führenden East kurz vor dem Ende des Rennens zu überholen. Dies war ihm schon des Öfteren gelungen, daher waren seine Fans davon überzeugt, dass er es auch in Monza schaffen würde.

In der letzten Kurve, genau dort, wo sich auch der Journalist Novak näher zur Absperrung durchgeschlagen hatte, krachte es plötzlich ziemlich heftig. East nahm die Kurve auf der kürzeren Innenseite, wahrscheinlich ein wenig zu schnell für solch eine enge Kurve. Schumacher nahm sich ein wenig mehr Platz und flog am äußersten Fahrbahnrand durch die Kurve. Nur so konnte er dem Führenden den Weg abschneiden und ihn letztendlich überholen.

Für den Bruchteil einer Sekunde, einen unbedeutenden, aber entscheidenden Augenblick, berührten das linke Hinterrad von Schumachers Wagen und das rechte Vorderrad von East einander. Beide Wagen wurden herumgeschleudert und flogen mit großer Geschwindigkeit von der Rennstrecke. Durch den Zusammenstoß löste sich ein Rad von der Achse von Schumachers Wagen und flog bedrohlich in Richtung Zuschauer. Doch diese hatten riesiges Glück: Es landete hinter der Menge, in der sich auch Novak befand. Schumachers Rennwagen prallte mit voller Wucht seitwärts in die Absperrung und – kam zum Stillstand. Es war nichts Schlimmeres geschehen. Schumacher stieg kurz darauf aus dem Wagen und begab sich auffällig ruhig zu Fuß in Richtung Haupttribüne.

Die Menge beklatschte ihn und schwenkte wild die roten Fahnen.

Schlimmer war es East ergangen. Sein Wagen wurde auf die andere Seite geschleudert. Er krachte so heftig in die Absperrung, dass sein Wagen wie ein ausschlagendes Pferd mit dem Heck in die Höhe geschleudert wurde, sich in der Luft drehte und letztendlich mit den Rädern nach oben am Rande der Rennstrecke landete.

Auch wenn East nicht verletzt gewesen wäre, hätte er nicht ohne fremde Hilfe aus seinem Wagen herausklettern können.

Genau jetzt kamen Irwine und Edwards angeschossen. Irwine fing schon vor der Kurve an zu bremsen und konnte so seinen Kopf aus der Schlinge ziehen: Er fuhr rasch an den beiden verunglückten Wagen, die auf beiden Seiten der Kurve standen, vorbei. Edwards jedoch kam so unglücklich ins Schleudern, dass er frontal in Easts Auto prallte und dieses nochmals umstieß. So kam der Wagen von East erneut auf seine Reifen zu stehen.

Edwards blieb mit seinem fast unversehrt gebliebenen Wagen einige Meter nach der Kurve stehen.

»Er ist tot!« begannen die Zuseher zu schreien. Und wirklich blieb East in seinem Wagen, ohne ein Lebenszeichen von sich zu geben, liegen. Seine Arme hingen leblos an seinem Körper herab, sein Kopf fiel zur Seite.

»Das wird die Aufnahme des Jahrzehnts!« schrie jemand hinter Novak. »Geh zur Seite, damit ich der ganzen Welt zeigen kann, wie hirnverbrannt diese Autorennen sind.«

Der Journalist drehte sich um. Der Mann hinter ihm hatte eine Filmkamera in der Hand. Er war mit einem dunkelgrünen Overall bekleidet, auf dessen Rückseite in gelben Buchstaben »Greenpeace« geschrieben stand.

»Schnell! Sanitäter!« riefen die Menschen. »East ist schlimm verletzt!«

»Er ist tot!« ging es von Mund zu Mund. Zuschauer, die in der Nähe der Absperrung standen, drängten mit aller Kraft gegen diese.

Das Rennen wurde trotz der Unfälle fortgesetzt. Mehr noch: Die Zuseher lebten wieder auf! An die Spitze hatte sich der italienische Fahrer Borelli gekämpft. Er fuhr nicht für Ferrari, doch galt er nach Schumachers Ausfall jetzt als der ihre. Das Wichtigste ist, dass in Monza jemand siegt, der mit Italien verbunden ist!

»Stoppt das Rennen!« rief Novak lauthals auf Slowenisch. Er war zu selten auf Rennen gewesen, um zu wissen, dass bei solch großen Rennen alles der Live-Übertragung, dem großen Geld, den Sponsoren und den Zusehern untergeordnet wurde.

Die Ordner hatten mittlerweile schon die Absperrung übersprungen. Drei starke Männer stemmten sich gegen den verunglückten Wagen und schoben ihn zur Seite, damit er die restlichen Fahrer nicht mehr behinderte.

Am Rand der Rennstrecke eilten eine Frau und ein Mann in Weiß zu Easts Wagen. Ein Arzt und eine Krankenschwester. Sie mussten ganz in der Nähe gestanden sein. In der Nähe der Haupttribüne wurde das Blaulicht eines Rettungswagens eingeschaltet, der sich auf den Weg zum Unglücksort machte, wobei er sich aber nicht auf die Rennstrecke wagte.

»Nur mehr fünf Runden und das Rennen um den Großen Preis von Monza ist entschieden. Welch ein Glück! Wie es aussieht, wird der Italiener Borelli gewinnen!« war aus den Lautsprechern zu hören.

Der Arzt und die Krankenschwester waren bei East angekommen, zogen ihn aus dem Rennwagen und legten ihn auf eine Trage. Novak schien es, als ob East sich aufgerichtet hätte, danach aber erneut auf die Trage zurück sank. Lebte er also doch? Vielleicht war er nur bewusstlos. Trotz des fürchterlichen Zusammenstoßes waren sie dennoch nicht bei einer Geschwindigkeit von dreihundert km/h zusammengeprallt, sondern bei stark verringerter Geschwindigkeit in der Kurve. Schumacher war überhaupt nicht verletzt gewesen. Vielleicht war auch East mit kleineren Verletzungen davongekommen...

Der Arzt versuchte es mit künstlicher Beatmung. Es war nicht zu sehen, ob es half. Die Schwester hob die Hand und rief weitere Sanitäter zu Hilfe. Der große Rettungswagen näherte sich dem Unfallort vorsichtig am Rand der Rennstrecke.

Es waren schon fünf, sechs, sieben wertvolle Minuten vergangen...
Die letzte Runde.

Borelli fuhr als Erster über die Ziellinie. Auf dem großen Bildschirm erschien die Aufschrift: »WINNER«. Sieger. Die Menge auf der Haupttribüne begrüßte ihn dröhnend. Ein Italiener, Monza und die italienischen Fans hatten gewonnen.

Sofort nach dem Ende des Rennens landete auf der Rennstrecke ein Rettungshubschrauber. Zu East eilte auch ein Notarztwagen, ausgestattet wie ein kleines, mobiles Krankenhaus.

Der Arzt zeigte auf den Rettungshubschrauber. Offensichtlich eilte es sehr. East gab kein Lebenszeichen mehr von sich. Der Rennfahrer wurde mit Hilfe des Rettungspersonals schnell in den Hubschrauber gebracht. Nur drei Personen stiegen ein: neben dem Arzt und der Schwester auch der Rettungshelfer aus dem Notarztwagen.

Schwebte East in Lebensgefahr? War Schumacher in ihn geprallt, oder war der Unfall durch eine unbesonnene Handlung, einen auf die Fahrbahn geworfenen Gegenstand unabsichtlich oder gar absichtlich von einem Zuschauer verursacht worden? Vielleicht war es sogar jemand von Greenpeace gewesen?

Kaum hatte sich der Rettungshubschrauber von seinem Landeplatz erhoben und sein Lärm sich in der Ferne in Richtung Mailand verloren, schon vermeldete der Platzsprecher:

»Verehrte Zuschauer, bevor der Sieger offiziell bekannt gegeben wird, möchte ich ihnen gerne eine freudige Nachricht verkünden. Eben wurde uns mitgeteilt, dass Brian East nicht schlimm verletzt ist. Er hat lediglich eine leichte Gehirnerschütterung davongetragen. Im Namen der Organisatoren und in Ihrem Namen wünschen wir dem vierfachen Weltmeister baldige Genesung.«

Für die Zuseher war Brian East nicht weiter von Bedeutung. Er hatte eben das Pech gehabt, von der Rennstrecke zu fliegen und sich zu verletzen, das war alles.

Kurz vor der Siegerehrung drang die Menge von der Haupttribüne auf die Rennbahn. Das hätten keine hundert Ordnungskräfte oder Polizisten verhindern können. Vor der Tribüne versammelten sich mehrere Hundert begeisterte Fans, vor allem die McLaren Anhänger.

»Der erste Platz beim Großen Preis von Italien in Monza geht an– Giacomo Borelli!«

Es wurden Fahnen geschwungen, begeisterte Zurufe waren zu hören: »Es lebe Italien!«

Novak beobachtete die begeisterte Menge von Weitem. Das Geschehen auf der Tribüne verfolgte er auf dem großen Bildschirm an der Stecke.

Während der italienischen Nationalhymne wurde langsam die Landesfahne gehisst. Vielen glänzten Tränen in den Augen. Es war schön zu sehen, wie vielen Menschen der Sieg eines Landsmannes etwas bedeutete. Mehr als zehntausend Besucher waren in Gedanken bei Borelli.

Es folgte die Ehrung für den zweiten und dritten Platz, die Fahrer bespritzten einander mit Champagner, hoben ihre Pokale in die Höhe, beglückwünschten einander... Es war alles so, wie es sein musste.

Novak machte sich auf den Weg zu seinem Wagen, obwohl ihm klar war, dass er Monza in frühestens drei, vier Stunden würde verlassen können; als auf dem großen Bildschirm die Pressekonferenz der Sieger übertragen wurde.

»Was sagen Sie, Herr Borelli, zum großartigen Rennfahrer Schumacher?«

»Er ist wirklich ein Großer, aber heute war er doch ein wenig unverschämt.«

Die Menge pfiff wie bei einem Fußballspiel.

»Würden Sie dies bitte ein wenig genauer erklären?«

Borelli fühlte sich plötzlich unbehaglich auf seinem Stuhl. Er war sich dessen bewusst, dass er zu viel gesagt hatte. Deshalb verbesserte er sich rasch:

»Im Rennsport ist vieles vom Glück abhängig. Dieses Mal hatte ich Glück, weil Schumacher Pech gehabt hat.«

Und was meinen Sie zum Rennen von East, der ja bis sieben Runden vor Schluss geführt hat?«

»Er wurde nicht so ohne Weiteres vierfacher Weltmeister, ich vergönne ihm auch noch den fünften Titel. Genauso wie Schumacher, natürlich nur wenn er weiterhin so gehörig kämpft.«

Novak sah schon die fetten Überschriften in den Zeitungen: »BORELLI NENNT SCHUMACHER UNFAIR.« Es würde wieder einen Skandal geben. Wenn nicht gleich, dann im Winter, wenn in Europa keine Rennen gefahren werden. Solche Skandale wurden von Journalisten sehr oft einfach erfunden, obwohl überhaupt nichts geschehen war. Was würde erst nach so einer skrupellosen Aussage los sein!

Obwohl das Rennen um den Großen Preis von Monza für Ferrari nicht so geendet hatte, wie es nahezu bis zum Ende des Rennens ausgesehen hatte, gingen die heimischen Fans zufrieden auseinander. Die Singerei und das fröhliche Hupkonzert würden wohl noch länger andauern.

Novak saß in seinem Golf und dachte darüber nach, wie wenig heute ein Menschenleben wert war. Jeder, auch der Beste, ist nur ein Rädchen im großen Getriebe. Und wenn dieses Rädchen versagt, wird es im selben Augenblick durch ein anderes ersetzt...

Er hatte bereits die Absicht, das Auto zu starten und sich in die endlose Kolonne einzureihen, die sich in Richtung Ausgang schob, als der Journalist Mihelic angerannt kam.

»Warte, nicht so eilig! Das Wichtigste weißt du ja noch gar nicht. Gerade haben wir es erfahren. Ich werde darüber den Zusehern in der zweiten Nachrichtensendung berichten und du musst darüber in deiner Reportage schreiben.« Er war ungewöhnlich blass im Gesicht.

»Was ist denn geschehen? Haben sie etwa Borelli den Pokal gestohlen?«

»Spotte nicht, alter Freund!« Mihelic sah ihn ernst an. »Die Sache ist ernst. Verdammt ernst. Soeben haben sie uns aus dem Krankenhaus mitgeteilt, dass East – tot ist!«

»Was – tot?!« Novak konnte es nicht glauben.

»Tot! Wegen der schlimmen Kopfverletzungen...«

»Ist denn das überhaupt möglich... Aber der Platzsprecher hat doch gesagt, dass er nicht schlimm verletzt ist.«

»Leider hat er sich geirrt,« sagte Mihelic leise. »Oder er hat die offizielle Mitteilung einfach etwas angepasst. Wahrscheinlich wollte er die italienischen Fans in ihrem Siegestaumel nicht beunruhigen.«

»Der vierfache Weltmeister Brian East ist tot!« Dies wollte Novak einfach nicht in den Kopf.

»Nun, ich habe mir gedacht, dass du das, da du ja deine Radioreportage vorbereitest, übersehen hast beziehungsweise überhaupt nicht gehört haben kannst, daher wollte ich dich darauf aufmerksam machen. Jetzt aber muss ich gehen, ich muss noch die Berichte für die zweite und dritte Nachrichtensendung abschicken!«

Novak versank traurig in Gedanken. Obwohl er den Wettkampf in der Formel 1 gerade zum ersten Mal aus der Nähe kennen gelernt hatte, schien es ihm wie ein Drahtseilakt, ein schmaler Pfad zwischen Leben und Tod. Noch vor zwei Stunden war East in der Box wie die anderen vierundzwanzig Fahrer umhergegangen, noch vor zwei Stunden war er in seinem Rennwagen gesessen wie alle anderen vierundzwanzig Fahrer und war sich sicher gewesen, sich und seinem Team einen erneuten Sieg zu erringen. Und jetzt lag er tot in einem der Krankenhäuser... Wie kurz ist doch der Weg zwischen Leben und Tod!

Ist es dieser Kampf denn wert? Hat ein Sport, bei dem tödliche Unfälle geschehen, denn überhaupt Sinn? Geht der Mensch nicht ein zu großes Risiko ein?

Hilflos saß er in seinem Auto. Er würde schon noch nach Hause kommen. Wenn nicht heute, dann eben morgen. Die Reportage stand ohnehin erst für Samstag am Programm. Zeit zum Nachdenken hatte er noch ausreichend.

Die vielen Zuseher, die zu Fuß in den Königspark gekommen waren, verloren sich schon zwischen den Bäumen, als der Platzsprecher verkündete:

»Geschätzte Zuseher, wir müssen Ihnen leider die traurige Mitteilung machen, dass das Leben eines der besten Formel-1-Rennfahrer aller Zeiten – jenes von Brian East – ausgelöscht wurde. Obwohl es zuerst anders aussah, nahm es leider den schlimmsten Ausgang. Brian East hat vor wenigen Minuten im Mailänder Krankenhaus zur heiligen Cäcilia sein Leben ausgehaucht. Er wird uns als hervorragender Mensch und als einer der begabtesten Sportler des zwanzigsten Jahrhunderts in Erinnerung bleiben. In die Geschichte des Rennsportes ist er als vierfacher Weltmeister eingegangen. Das Begräbnis findet auf Wunsch der Familie in Monaco statt, wo er die letzten Jahre seines Lebens verbracht hat.«

Auch wenn Novak nicht so gut Italienisch verstand, wie die deutsche und die englische Sprache, die er ohne Schwierigkeiten sprach, traute er seinen Ohren nicht.

Der Großteil der Fans hatte die Durchsage gar nicht mehr hören können. In der Ferne hörte man sie noch immer über den Sieg von Borelli jubeln und rufen: »Es lebe Borelli! Es lebe Monza! Es lebe Italien!« Auch die Musik, die aus den Lautsprechern erklungen war, verstummte bald nach der Sondermeldung. Nirgendwo war zu sehen, dass einer der weltbesten Rennfahrer gestorben war...

II.
Das Begräbnis des Jahrhunderts

Das Geschäft mit dem Tod • Das »Brian East« Buch • Verdächtige Personen vor dem Krankenhaus der heiligen Cäcilia • Staatstrauer • Easts Frau überlistet seine Verwandten • Williams' Prophezeiung • Ein TV-Spektakel • Die Person mit Brillen hinter Zypressen

Plötzlich durchzuckte es Novak. Im Königspark gab es an jedem zweiten Verkaufsstand Bücher über Ayrton Senna. Früher schrieb man über ihn mehr schlecht als recht, als er jedoch in Imola tödlich verunglückt war, begannen ihnen der Reihe nach alle emporzuheben. Das Schema war also bekannt: »Stirb und man wird dich über alle Maßen loben.« Über Sennas Leben waren mindestens dreißig Bücher geschrieben worden. Auch auf Slowenisch. Als Novak die Bücher flüchtig durchsah, erkannte er schnell, dass sich alle Bücher ähnelten und selbst Sennas Fotos waren überall dieselben. Auf der ersten Seite war meist jenes zu sehen, als er zum ersten Mal Weltmeister wurde, auf der letzten Seite Bilder des Unfalls, bei dem er ums Leben gekommen war.

»Das nennt man das Geschäft mit dem Tod,« sagte er sich. Er war unter den Letzten am Parkplatz im Königspark. Die meisten Verkaufsstände waren bereits abgebaut, alle größeren Autos schlossen sich der langsam abziehenden Kolonne an. Nur einige wenige Wagen blieben noch zurück und natürlich haufenweise Müll. Der gesamte Königspark sah aus wie eine gigantische Müllhalde.

»Was wäre... was wäre...« sprach er zu sich selbst und trat dabei auf leere Plastiksäcke, die über die ganze Wiese verstreut lagen. »Was wäre, wenn auch ich ein Buch über einen Formel-1-Fahrer schreiben würde, ein Buch über Brian East!«

Der Gedanke kam so unvermittelt, dass sogar er selbst überrascht war. Er verurteilte alle, die sich am Geschäft mit dem Tod beteiligten und doch fühlte er gleichzeitig tief in sich, dass er allen Sportreportern etwas voraus hatte. Er selbst hielt nicht viel von Fakten, Stereotypen und Klischees. Er könnte das Buch viel menschlicher schreiben, mit einem, wie er selbst dachte, erweiterten Blick auf den Sport und die Welt.

»Brian East – sein Leben, sein Tod«, schoss ihm der Titel durch den Kopf. Eigentlich hatte er schon einige ähnliche Titel gesehen, dennoch erschien er ihm irgendwie anziehend. Es war bitter und dennoch wahr; besonders der zweite Teil des Titels würde die Leser anziehen: der Tod. Der Zustand, den man nicht mehr ändern kann, bei dem jeder über den Sinn des Seins nachdenkt und gegen die Tränen kämpft.

Das Geschäft mit dem Tod?

Der Gedanke allein beunruhigte ihn so sehr, dass ihm gar nicht danach war, mit anderen Menschen in Kontakt zu treten. Lieber blieb er noch eine Stunde alleine, mit seiner großen Idee, mit seinem neuen Plan.

Im ersten Teil des Buches würde er Brians Kindheit beschreiben. Sicher könnte man etwas Schönes über seine Kindheit schreiben. Für die Leser würde vor allem die Beziehung zu seinem Vater interessant sein, aber auch seine Mutter dürfte die Anfänge seines Erfolgs mit einer gewissen Sorge verfolgt haben. Über die Mütter hört man bei solchen Sportarten nur selten etwas, obwohl gerade sie von der ersten Stunde an über ihren jungen Helden wachen. Vielleicht würde er sogar nach Australien reisen. In der Redaktion sprach man sowieso schon seit langem davon, eine Reportage über Auswanderer vorbereiten zu wollen.

Der zweite Teil des Buches würde Brians Aufstieg unter die Besten der Welt beschreiben. Angefangen mit dem Kartfahren im eigenen Hof und den ersten größeren nationalen Rennen, bis hin zu jenen in der Formel 3 und Formel 3000. Das Hauptaugenmerk würde er auf seinen ersten Formel-1-Sieg sowie den ersten Weltmeisterschaftstitel richten. Den letzten Teil des Buches würde er dem Rennen in Monza widmen, er würde den schicksalhaften Unfall schildern, die Rettungsmaßnahmen, die Nachricht vom Tod... Das letzte Kapitel war so gesehen schon geschrieben, alles andere kann er ja noch recherchieren.

Und nach Australien sollte er wirklich reisen!

Die Würfel sind gefallen! Der Gedanke an das Buch nahm ihn total in Beschlag. Er hatte eigentlich schon alles Mögliche gemacht, nur ein vielgelesenes Buch hatte er noch nicht geschrieben. Seine Kollegen im Sender scherzten oft, dass seine Berichte öfter im Sande verliefen, als über den Äther zu gehen. Tatsächlich hatten sich viele seiner Berichte irgendwo verloren, aber das Buch über East würde er mit Sicherheit durchboxen, veröffentlichen.

Mit dieser großen Idee im Kopf schlenderte er durch den leeren Königspark. Auf einmal gab es keine Absperrungen mehr. Ohne Schwierigkeiten konnte er auf die Rennstrecke gelangen, er besah sich die Boxenstraße, spazierte über die Zielgerade. Er kam sich selbst vor wie ein einsamer Wanderer, der sich im Königspark verloren hatte.

Plötzlich stieß er auf den Mann, den er schon während des Rennens getroffen hatte. Er war nicht zu verfehlen. Er hielt eine große Videokamera in Händen und trug einen dunkelgrünen Overall mit dem gelben »Greenpeace«-Aufdruck.

»Wenn Sie mich suchen, ich bin hier!« Der unbekannte Kameramann kam auf Novak zu und bot ihm die Hand an. »Mike Green. Mein richtiger Name lautet zwar anders, aber nachdem mein Vater und mein Großvater beide Mike hießen, habe auch ich mich entschieden, diesen klingenden Namen zu tragen. Warum ich Green als Nachnamen angenommen habe, brauche ich ihnen sicher nicht zu erklären.«

Novak gab ihm etwas überrascht die Hand und stellte sich vor.

»Ihr Name klingt irgendwie tschechisch, vielleicht auch polnisch oder russisch, auf jeden Fall osteuropäisch,« bemerkte der Fremde. »Wie auch immer, es leben ja auch im Osten normale Menschen.«

Der Journalist erklärte ihm in wenigen Sätzen, wo Slowenien liegt und erzählte die Geschichte des jungen Landes kurz.

»Aha, das grüne Slowenien. Okay, jetzt ist mir alles klar. Ich verstehe nur nicht, wie ihr eine Atombombe in eurem Vorgarten haben könnt…«

»Wie bitte??«

»Na, Krško! Schon in ganz Europa pfeifen es die Spatzen von den Dächern, wie es um euer Atomkraftwerk steht. Wenn ihr es nicht schließt, werdet ihr nie in unsere Union kommen!«

»Hm!« wunderte sich Novak. »Was ist denn mit dem Rest Europas? Dutzende Atomkraftwerke gibt es und niemand stößt sich daran!«

»Schon schon, aber ihr wollt doch sicher ein grünes Land bleiben! Ein Land ohne Kernkraftgefahr, ein Land der grünen Wälder und sauberen Gewässer, ein Land ohne Formel 1.«

Novak erkannte, dass es sinnlos wäre, sich mit dem Fremden um des Kaisers Bart zu streiten.

»Sie sind also Greenpeace-Aktivist… Schön, schön… Es geht mir nur nicht in den Kopf, was ihre grüne Vereinigung mit diesem Lärm und der Umweltverschmutzung zu tun hat.«

Der Fremde sprang wie von der Tarantel gestochen auf.

»Sehr viel! Ich werde alles mit der Kamera filmen und dann die Dokumentation der Regierung in Brüssel vorlegen. Man muss es den Zusehern bewusst machen. Aber mit überzeugenden Beweisen. Ich kam nach Monza, weil ich die Bäume filmen wollte, die sie entlang der Strecke abgeholzt haben. Achtundfünfzig Bäumen haben sie das Leben genommen, stellen sie sich das vor, achtundfünfzig!«

»Aber sie haben gerade deswegen am anderen Ende des Parks wieder fünfzig Bäume angepflanzt!« erinnerte der Journalist an bekannte Fakten.

»Man hätte fünf-, zehn-, fünfzigtausend anpflanzen müssen, um den Schaden zu beheben!« erhitzte sich der Greenpeace-Aktivist. »Was für ein Glück, dass hin und wieder ein tödlicher Unfall geschieht…«

»Moment mal, so können Sie das wirklich nicht sagen!« fiel ihm Novak ins Wort. »Wenn ein Mensch stirbt, ist das eines der schlimmsten Ereignisse auf der Welt.«

»Und wenn ein Baum stirbt, bedeutet das nichts, oder wie? Wissen Sie denn nicht, dass Bäume genauso eine Seele haben wie Menschen? Und dass aus jedem Baum hundert, zweihundert, fünfhundert neue entstehen?! Der Mensch hingegen ist so egoistisch, dass er nur zwei, drei Nachkommen hat. Und weil er auf die Bäume eifersüchtig ist, fällt er sie Tag für Tag, was heißt fällt, er mordet sie geplant!«

Novak sah ein, dass er mit ihm nicht weit kommen würde, gab ihm deshalb die Hand und meinte, dass er erfreut gewesen wäre, ihn kennenzulernen.

»Auch mich hat es gefreut. Und passen Sie mir auf das grüne Slowenien auf! Falls Sie uns brauchen sollten, uns Ökologen, das grüne Europa, bitte sehr, meine Visitenkarte. Jetzt aber auf Wiedersehen! Ich nehme nur noch diese zurückgelassene Schweinerei auf, dann muss ich mein Zelt abbauen und ab geht's zum Begräbnis.«

»Zum Begräbnis?«

»Ja, ja, Easts Begräbnis. Das werden Aufnahmen! Fünfzigtausend Menschen, die Prinzessin von Monaco, die trauernde Witwe... Als Draufgabe zu den Aufnahmen vom tödlichen Unfall. Wissen Sie, heute erschüttert die Menschen nur noch der Tod. Ja, nur vor dem Tod knien sie nieder.«

»Wann ist denn das Begräbnis?«

Haben Sie die Nachricht nicht gehört? In zwei Tagen – am Mittwochnachmittag in Monaco. Das Fürstentum Monaco hat eine dreitägige Staatstrauer angeordnet. Ich glaube, dass auch die Prinzessin von Monaco zur Beisetzung kommen wird. Oh, das werden Aufnahmen! Vorher werde ich aber noch die Menschenmassen vor dem Mailänder Krankenhaus der heiligen Cäcilia filmen. Angeblich haben sich dort fünftausend Menschen versammelt. Von Stunde zu Stunde werden es mehr, die sich mit eigenen Augen davon überzeugen wollen, dass East wirklich im Sarg nach Monaco gebracht wird. Ich sage Ihnen, die Welt ist verrückt. Nur noch wir Grünen können sie retten!«

Novak trottete in Gedanken versunken zurück in Richtung seines Autos. Das Fürstentum Monaco kann nicht übertrieben weit weg von Mailand sein. Er hatte sich nie besonders dafür interessiert, aber nun ging ihm durch den Kopf, dass er im Buch auch Easts Begräbnis wird beschreiben müssen. Für uns Slowenen, die wir sowieso dazu neigen, über das Ende des Erdendaseins nachzudenken, wäre das noch dreimal wichtiger.

Auf dem Dach seines roten Golfs breitete er die Karte Italiens aus. Zuerst suchte er Mailand und Monza. Dann machte er sich mit dem Finger auf den Weg nach Genua, Savona, Imperia, San Remo und schließlich zum Zwergstaat Monaco. Er sah nach, wie weit dieser von zu Hause entfernt war.

»Ich bin Monaco näher als Ljubljana... Also, auf nach Monaco!«

Die Entscheidung fiel so schnell wie jene, das Buch über East zu schreiben. Das ist wirklich eine außergewöhnliche Chance.

Gut, dass er im Gepäck auch einen Fotoapparat hatte. Exklusivfotos vom Begräbnis… Es war traurig, doch tröstete er sich damit, dass alle Welt dasselbe tat, er würde aber versuchen, East viel weicher, gefühlvoller, menschlicher zu zeigen.

Der Abend dämmerte bereits, als ein Ordner auf Novak zukam und befahl:

»Verlassen Sie sofort den Königspark! Wir beginnen mit den Reinigungsarbeiten.«

Was blieb ihm anderes übrig, er schloss sich den Letzten in der abziehenden Kolonne an und machte sich auf den Weg nach Mailand. Schließlich war nichts falsch daran, sich die gewaltige Kathedrale, das Opernhaus, die Springbrunnen anzusehen. Zeit hatte er plötzlich im Überfluss, er brauchte sich nicht zu beeilen.

Im Auto schaltete er das Radio ein. Genau in diesem Moment meldete sich ein Radioreporter vom Krankenhaus der heiligen Cäcilia. Novak merkte sich die Adresse. Don Bosco 21. Unweit vom großen Fußballstadion San Siro, irgendwo am Stadtrand.

Nach einigen Kilometern Fahrt fand er sich in den Vororten Mailands wieder. Sie erinnerten ihn an die Vororte Triests oder anderer größerer Städte. Nichts Besonderes also. Dann sah er die Wegweiser, »SAN SIRO – 5 km«, »SAN SIRO – 3 km«, »SAN SIRO – 1000 m.«

»Na, dann schauen wir doch zum Krankenhaus!« sagte er sich und folgte den Wegweisern bis zum Stadion.

Das Krankenhaus brauchte er gar nicht zu suchen. Plötzlich war er inmitten einer Menschenmenge, die sich um ein großes Gebäude am Ende einer Allee versammelt hatte. Das war natürlich das Krankenhaus der heiligen Cäcilia.

Mit italienischer Frechheit zwängte er seinen kleinen Golf bis in die erste Seitengasse, stellte das Auto am Gehsteig ab und ging zu Fuß zum Krankenhaus. Es waren tatsächlich mehrere tausend Menschen anwesend. Vielleicht hatte der Radioreporter mit fünftausend etwas übertrieben, aber es waren mit Sicherheit dreitausend, die auf Easts Sarg warteten. Einige hatten Kerzen in den Händen, andere Blumen, andere wiederum Gebetsbücher. Einige Gruppen beteten laut für das Seelenheil von East.

Vor der gläsernen Doppeltür des Krankenhauses warteten zwanzig bis dreißig Fotografen. Darunter waren auch einige Kamerateams mit Mikrofonen an langen Stangen.

»Die sind wohl nicht gekommen, um zu filmen, was der tote Rennfahrer zu sagen hat, wenn er im Sarg das Krankenhaus verlässt?! Höchst geschmacklos!« dachte sich Novak.

Er schob sich fast bis zur Glastür vor. Weil er in der einen Hand einen Fotoapparat und in der anderen einen Kassettenrecorder hielt, ließ ihn die dichte Menge durch. Die »einfachen« Leute sahen schon von Weitem, dass er auch Vertreter einer Weltmacht war.

Hin und wieder öffnete sich die Tür und jemand vom Krankenhauspersonal kam heraus. Die Menge erwachte jedes Mal zu neuem Leben, verfiel dann aber wieder in eintöniges Warten und murmelte Gebete.

»Vielleicht ist er gar nicht gestorben…,« raunte ein Journalist dem anderen zu. »Auf Radio B habe ich gehört, dass sein Leibarzt gleich nach der Überstellung ins Krankenhaus erklärte, dass die Kopfverletzungen nicht lebensgefährlich seien.«

»Ärzte sind keine Götter, sondern auch nur Menschen. Er hat sich einfach geirrt,« antwortete der Kollege.

»Seltsam, es handelt sich doch um seinen Leibarzt John Wood.«

»Leibarzt oder nicht, er ist genauso wenig unfehlbar.«

»Aber warum haben ihn denn nicht unsere Ärzte übernommen?«

»Haben sie doch. Im Hubschrauber waren zwei Ärzte, Wood und Venturini.«

»Oh mein Gott,« seufzte Novak in Gedanken. »Nicht einmal der Tod ist den Menschen noch heilig. Sogar jetzt würden sie am liebsten das Haar in der Suppe suchen. Genügt es denn nicht, dass Brian East einen tödlichen Unfall hatte und für immer von uns gegangen ist?«

Sie warteten ein, zwei, drei Stunden. Auf der Straße versammelten sich immer mehr Menschen. Wahrscheinlich hielten die Radio- und Fernsehstationen ihre Hörer und Zuseher ständig darüber auf dem Laufenden, was sich vor dem Krankenhaus abspielte, aber damit gossen sie nur Öl ins Feuer. Immer mehr kamen mit Kerzen in den Händen. Die Straßenlaternen leuchteten stumpf, amtlich, viel wärmer flackerte das Kerzenlicht in den Händen der Menschen.

Genau so werden wir im Fegefeuer auf den Weg in den Himmel warten, lief es Novak kalt über den Rücken. Das Leben ist ein einziger großer Wartesaal. Nur warten wir nicht auf East, sondern auf unseren eigenen Abgang…

Kurz vor Mitternacht ging auf der anderen Seite des Krankenhauses plötzlich ein Raunen durch die Menge. Heraus kam eine junge Frau im schwarzen Mantel, die Kapuze weit in die Stirn gezogen. Als sie die ersten Menschen auf der Krankenhausstiege erreichte, zog sie sich die Kapuze noch tiefer ins Gesicht, um nicht erkannt zu werden.

»Die diensthabenden Schwestern verlassen das Krankenhaus…« ging es von Mund zu Mund.

Die Frau ging ungewöhnlich vorsichtig, als ob sie sich aus irgendeinem Grund vor der Menschenmenge fürchten würde. Novak konnte sich des Gefühls, dass die Frau schicksalhaft mit East verbunden ist, nicht erwehren.

Zufällig schob sie sich nur ein paar Meter von Novak entfernt durch die Menge. Er bemerkte, dass sie eine junge, schöne, schlanke und elegante Dame war.

Obwohl direkt hinter ihr noch zwei Schwestern das Krankenhaus verließen, sagte ihm sein sechster Sinn doch, dass nur die erste etwas Besonderes war.

»Linda!« rief unvermittelt einer der Journalisten. »Warte, das bist doch du, Linda!«

Die Journalisten richteten alle ihre Kameras und Mikrofone auf die weggehende Frau.

»Linda!« schrie der, der sie erkannt hatte, doch Linda war schon im Menschenmeer untergetaucht. Es entstand ein heftiges Gedränge voller Missmut und Schimpferei und die Journalisten gingen leer aus.

»Wer ist eigentlich diese – Linda?« begannen jene laut zu fragen, die ihren Namen noch nicht gehört hatten.

»Weißt du das denn nicht? Wenn es wirklich Linda war, dann werden sie bald Easts Leichnam abführen. »Linda war nämlich seine – Geliebte!«

Dieses Wort klang in diesem Augenblick ungewöhnlich grob, beinahe schon hässlich. Es hörte sich wirklich seltsam an: Die Geliebte eines toten Rennfahrers.

»Hat sie geweint?«

»Hatte sie Tränen in den Augen?«

»Sie sah überhaupt nicht verstört aus…«

»Vielleicht ist East gar nicht gestorben… Linda würde das Krankenhaus nicht verlassen, wenn East tot wäre.«

»Was soll sie denn bei ihm machen? Soll sie etwa darauf warten, dass er wieder zum Leben erwacht?« Mit solchen geschmacklosen Kommentaren begleiteten die Journalisten die sich entfernenden Krankenschwestern.

»Aber war es denn wirklich Linda? Vielleicht hat sich Ivano geirrt.«

»Der irrt sich nie. Er kennt sie gut, letzte Woche war sie Gast bei »TV-Tratsch« – seiner Sendung.«

»Aber warum hat er sie nicht aufgehalten?«

Obwohl die Journalisten erwarteten, dass man East gleich nach Monaco überführen würde, geschah das dennoch erst gegen Morgen. Novak war sich schon vorher sicher gewesen, das auf keinen Fall versäumen zu dürfen. Für sein Buch würde es eine immense Rolle spielen. Das Ende ist immer am wichtigsten. Der Anfang und das Ende. Alles andere entsteht von selbst, wächst zwischen Geburt und Tod.

Auf einmal leuchteten vor dem Krankenhaus alle Lichter auf und in der Ferne erschien ein langes schwarzes Auto. Der Leichenwagen. Die Journalisten waren wieder hellwach, die Kameras surrten, die Menschen beteten.

»Sehr geehrte Zuhörer, wir melden uns hier aus Mailand anlässlich des tragischen Ablebens von Brian East, dem vierfachen Formel-1-Weltmeister. Wie Sie wissen, erlitt der australische Formel-1-Held beim Grand Prix von Italien einen tödlichen Unfall. Wir alle hofften, dass…«

Novak wurde es flau im Magen. Er wusste, dass alle Medien auf der ganzen Welt begierig nach Sensationsmeldungen sind, er hatte jedoch nie daran gedacht, dass man auch einen letzten Abschied, wie diesen hier, live übertragen könne. Er sah ein, dass man über eine Gerichtsverhandlung berichtete, oder dass Journalisten die unsauberen Machenschaften von Politikern aufdeckten. Doch den Abtransport eines Sargs zu zeigen, überschritt alle Grenzen. Und doch war er selbst auch dabei…

Man brachte Brian East nicht durch den Haupteingang, sondern der Sarg wurde auf einem Wägelchen durch den Seiteneingang geschoben, denselben, durch den die Krankenschwestern gekommen waren. Zwei Männer in dunklen Uniformen schoben ihn, wahrscheinlich diensthabende Leichenbestatter.

Sie beförderten den Sarg in den schwarzen Kombi. Der Fahrer versperrte den Kofferraum und ging langsam zur Fahrertür. Bevor er einstieg, wandte er sich den Menschen zu und verbeugte sich, als ob alle Aufmerksamkeit ihm und nicht Brian East gelten würde.

»Auf Wiedersehen, Brian!« riefen die Frauen.

»Gott beschütze dich, Brian!«

»Auf Wiedersehen im Himmel, Brian East!«

Der Kombi zwängte sich mühevoll bis zum Ende der Straße. Jeder wollte ihn berühren oder ihm zu Ehren eine Blume vor den Wagen werfen.

»Jetzt hilft ihm das alles nichts mehr,« sagte Novak, »ihr hättet ihn loben und ehren sollen als er noch am Leben war!«

Aber niemand hörte Novak. Er blieb allein auf den Stufen des Krankenhauses der heiligen Cäcilie zurück. Bis zum Morgen dauerte es nicht mehr lang. Es war ihm nicht danach, sich jetzt noch ein Zimmer zu suchen, und noch weniger, eine Radioreportage über Easts Tod zu hören.

Erst jetzt sah er zwischen den Straßenlaternen Bänke stehen. In der morgendlichen Kühle setzte er sich auf eine der Bänke und schlief, müde wie er war, im nächsten Moment ein.

In der Morgendämmerung weckten ihn Schritte am Gehsteig. Schritte und Stimmen. Eigentlich ein Wortwechsel. Es diskutierten zwei Ärzte miteinander.

»Hast du wirklich alles Mögliche versucht?« fragte der eine schroff. Sie sprachen Italienisch, doch einer hatte einen fremden Akzent.

»Du wirst mir doch nicht vorwerfen, ich sei unprofessionell! Schon im Helikopter war mir klar: Gehirnblutung. Das CT hat gezeigt, dass das Blutgerinnsel fingernagelgroß ist. Er ist sicher sehr hart am Lenkrad aufgeschlagen.«

»Der Pathologe hat nicht lange für die Untersuchung gebraucht. War wirklich sofort alles klar?«

»Anscheinend.«

»Wie haben die Journalisten herausgefunden, dass er noch in der Nacht fortgebracht wird?«

»Ich weiß es nicht! Heutzutage kann man beinahe nichts verschweigen.«

Wie man ihrem Gespräch entnehmen konnte, waren die beiden keine fix im Krankenhaus der heiligen Cäcilie angestellten Ärzte. Der eine hatte East aus dem Cockpit gezogen, also war der sein Leibarzt.

Novak lief es kalt den Rücken hinunter. Das wäre doch etwas: ein Gespräch mit Easts Arzt. Am Ende des Buches würde er seine Aussage hinzufügen. Ein Kommentar aus erster Hand sozusagen.

»Entschuldigen Sie bitte, warten Sie einen Moment!« rief er den beiden nach.

Die Ärzte drehten sich nicht einmal um.

»Warten Sie, bitte! Nur fünf Minuten!« Er brauchte den Arzt sowieso nur solange, um ihm ein paar Worte darüber zu entlocken, wie er Easts Tod erlebt hatte.

Die Ärzte beschleunigten ihren Schritt, einer der beiden funkte sogar ins Krankenhaus: »Gefahr durch angreifenden Penner. Bitte schaffen Sie ihn weg!«

Novak lief ihnen nach, doch schon hinter der ersten Ecke packte ihn eine starke Hand von hinten.

»Verschwinden Sie oder ich rufe die Polizei!«

Novak drehte sich um, richtete sich die Kleidung und sagte enttäuscht:

»Sie haben mir soeben das Interview meines Lebens zerstört!«

»Doktor Wood spricht mit niemandem, das müssten Sie wissen,« fuhr ihn der Wachmann an. »Und wenn Sie sich weiter hier herumtreiben, wird Sie sehr schnell die Polizei abführen. Wissen Sie, bei uns sind Süchtige wie Sie, trotz der erhöhten Sicherheitsmaßnahmen schon fünf Mal eingebrochen. Drogen locken sie stärker an als alles Geld. Sie sollten aufpassen, dass die Polizei Sie nicht mitnimmt. Wer weiß, vielleicht hat Doktor Wood auch die Polizei gerufen...«

»Warum, ich hab doch niemandem etwas getan!« antwortete Novak empört.

»Doch! Sie haben vor dem Krankenhaus auf den passenden Moment für den Einbruch gewartet. Die Kamera hat Sie schon vor über zwei Stunden entdeckt. Die ganze Zeit über haben Sie sich schlafend gestellt, in Wahrheit haben Sie darauf gewartet, dass die Wachablöse stattfindet. Oh, wir kennen solche schrägen Vögel wie Sie!«

Der Journalist bat den Wachmann höflich, ihn gehen zu lassen.

»Nur, wenn Sie mir ihre Personalangaben geben, damit ich später wegen Ihnen nicht irgendwelche Schwierigkeiten bekomme!«

Was blieb ihm anderes übrig, er gab ihm seinen Reisepass.

»Aha, Sie sind aus Slowenien?! Ein kleines Mafia-Land, fast so wie Italien. Na gut, na gut, jetzt gehen Sie schön brav weg und kommen Sie nicht wieder!«

Novak sprang in seinen Golf und glühte aus Mailand hinaus, als ob ihm der Leibhaftige auf den Fersen wäre. Er beruhigte sich erst auf dem langen Weg nach Genua. Im Ausland ist man wirklich sofort verdächtig. Es hätte nicht viel gefehlt und sie hätten ihn eingesperrt, ohne selbst wirklich zu wissen, weshalb.

Nach dreistündiger Autofahrt schaltete er das Radio ein. Ab Genua konnte er auch französische Sender empfangen, zwischendurch meldete sich immer wieder Radio Monaco Due.

»Sondermeldung. Soeben wurden die sterblichen Überreste des vierfachen Formel-1-Weltmeisters Brian East in die Kirche der Heiligen Elisabeth am Hügel von San Victorio überführt. Der gefeierte Rennfahrer ist dort bis Mittwochnachmittag aufgebahrt. Bis dahin haben die Fans der Formel 1 und seine persönlichen Freunde die Möglichkeit, von ihm Abschied zu nehmen. Im Fürstentum Monaco wurde eine dreitägige Staatstrauer ausgerufen, außerdem hatte der Fürst beschlossen, East mit allerhöchsten Ehren zu begraben. Es werden einundzwanzig Salven abgeschossen und sogar Prinzessin Apolonia wird persönlich anwesend sein. Brian Easts Frau hat zwar den Wunsch geäußert, ihren Mann im engsten Familienkreis zu begraben, hat aber ihre Meinung auf die persönliche Bitte des Fürsten hin geändert. Brian East war nicht nur Bürger Monacos sowie Bürger Australiens, sondern Bürger der ganzen Welt. Deshalb ist es richtig, dass ihn sowohl Monaco als auch die ganze Welt würdigen. Und noch eine Neuigkeit: Die Witwe Patrizia East wollte die sterblichen Überreste ihres Mannes nicht sehen. Der Sarg wurde gar nicht für sie geöffnet. Journalisten gegenüber betonte sie, dass sie ihn als Lebenden in Erinnerung behalten wolle.«

Diese Nachricht wiederholten sie jede halbe Stunde und jedes Mal fügten sie noch etwas hinzu. Es machte den Eindruck, als ob das ganze Programm Brian East gewidmet sei.

»Sondermeldung. Soeben ist trotz gesundheitlicher Probleme Frank Williams, einer der größten Autokonstrukteure aller Zeiten, in Monaco angekommen. Bei seiner Ankunft meinte er, dass er sich persönlich von seinem Rennfahrer Brian East verabschieden wolle. Er wird voraussichtlich am Grab einige Worte sprechen. Weil auch unseren Zuhörern bekannt ist, dass Frank Williams seit einigen Jahren an den Rollstuhl gefesselt ist, ist dies wohl der beste Beweis dafür, dass Brian East in den Herzen vieler, nicht nur seiner Freunde und Familie, weiterleben wird.«

Novak fuhr immer weiter und hörte beruhigende Musik, die immer wieder von Nachrichten über Brian East unterbrochen wurde.

»Sondermeldung. Brian East Senior, Brians Vater, wird nicht am Begräbnis teilnehmen. Das Rennen hatte er im Fernsehen mitverfolgt. Er meinte, selbst vor sechsundzwanzig Jahren etwas Ähnliches erlebt zu haben. Seither sitzt er im Rollstuhl. Der Unfall seines Sohnes hat ihn so schwer getroffen, dass sich sein Gesundheitszustand sehr verschlechtert hat. Die Ärzte befürchten das Schlimmste. Auf jeden Fall wird dies das Begräbnis des Jahrhunderts sein.«

Das Begräbnis des Jahrhunderts! Der Sonderkorrespondent bekam am ganzen Körper Gänsehaut. Alles zusammen ist wirklich nur ein Geschäft mit dem Tod. Und er selbst ist er um keinen Deut besser.

Trotzdem kehrte er nicht um. Jetzt waren es nur mehr hundert Kilometer bis Monaco.

»Sondermeldung. Easts größter Gegner Michael Schumacher wird nicht am Begräbnis teilnehmen. Er ließ verlautbaren, dass ihm der Verlust des Kontrahenten zwar sehr nahe ginge, er müsse sich jedoch seiner Arbeit widmen. Bei Ferrari wurde nämlich gerade ein Prototyp eines Rennwagens entwickelt, den Schumacher die ganze Woche über in Imola testen wird. Möglicherweise wird er mit dem neuen Rennwagen schon im letzten Rennen, in Adelaide, antreten, ganz sicher aber in der nächsten Saison. Am Begräbnis wird laut letzten Meldungen neben Frank Williams auch der zweite Fahrer von Williams-Renault, Fred Edwards, teilnehmen. Auf der Strecke waren Fred und Brian zwar Gegner, ansonsten verstanden sich die beiden aber sehr gut und verbrachten viel Freizeit miteinander. Fred meinte, er habe nicht nur einen Kollegen, von dem er sehr viel gelernt hatte, sondern auch einen Freund verloren.«

Kurz vor der Grenze hörte Novak eine besondere Protestnote von der informellen Fahrergewerkschaft:

»Wir protestieren entschieden, weil unsere Einwände nirgendwo berücksichtigt werden. Alle Rennstrecken, auf denen die Sicherheit der Fahrer nicht hundertprozentig gewährleistet ist, müssen geschlossen werden. Brian Easts Unfall wäre nicht passiert, wenn es ein fünf bis zehn Meter breites Kiesbett vor dem Sicherheitszaun gegeben hätte. Wir fordern, dass alle Strecken geschlossen werden, die durch Städte führen und keine ausreichenden Auslaufzonen haben.«

Es folgte eine Erklärung eines Formel-1-Kenners, der meinte, dass auf Rennstrecken, die nach heutigen Standards gebaut werden, auch bei Geschwindigkeiten jenseits der dreihundert km/h nichts Dramatisches geschehen könne. Leider sind Imola, teilweise aber auch Monza, Adelaide und einige andere Strecken für Rennen nicht mehr geeignet.

Man müsste diese entweder entscheidend umbauen oder Wettkämpfe auf ihnen verbieten. Wenn das die Fachleute nicht einsehen, müssen die Fahrer eine Gewerkschaft gründen und durch Streiks zum Ausdruck bringen, dass sie es ernst meinen.

»Sondermeldung. Der ehemalige Weltmeister Niki Lauda hat sich zum tragischen Tod Easts geäußert. Bei Formel-1-Rennen lösen demnach drei Dinge einen Unfall aus: ein Fahrfehler des Fahrers, einer des Konkurrenten oder ein Schaden am Auto. Er wolle niemanden beschuldigen, meinte aber, dass diesmal die ersten zwei Gründe ausschlaggebend gewesen seien.«

Er kam ohne Schwierigkeiten über die Grenze. Auf der einen Seite hingen französische Fahnen, auf der anderen monegassische. Das war auch schon alles, was an den ehemaligen Grenzübergang erinnerte.

Am ersten Kiosk kaufte er alle Zeitungen, in denen Easts Tod erwähnt wurde. In den Sportzeitungen stand die Nachricht natürlich auf Seite eins, aber auch in anderen Zeitungen war der tragische Unfall bis in alle Einzelheiten beschrieben.

Einige Überschriften überraschten Novak dennoch.

»EASTS WITWE EINZIGER ERBE VON BRIANS VERMÖGEN«

»KAMPF UM DIE STERBLICHEN ÜBERRESTE«

»ITALIEN HAT DEN SIEG, MONACO DAS BEGRÄBNIS«

Die Zeitungen machten Anspielungen darauf, dass Easts Witwe nicht ohne eine müde Mark zurückbleiben müsse, war Brian doch einer der reichsten Sportler der Welt. Und gerade hat Patrizia East verhindert, dass seine Überreste nach Australien überführt werden. Die Nachbarstaaten beanstanden, dass man sich auf die Schnelle der sterblichen Überreste von Brian East entledigen möchte, damit weiterhin Borellis Sieg gefeiert werden kann.

Mark Novak war von der Reise und den Geschehnissen so erschöpft, dass er sich als erstes ein Zimmer nahm. Er fand keinen Gefallen daran, noch einmal auf der Straße zu übernachten oder sogar von der Polizei verjagt zu werden.

»Selbst wenn ich hundert Euro für das Zimmer bezahle, wichtig ist, dass ich mich ordentlich ausschlafe...« sagte er sich. Ausgeruht könnte er alles ringsum besser verfolgen und die Beisetzung am Mittwoch würde ihm sowieso nicht entgehen.

Für das Zimmer zahlte er hundertfünfzig Euro, aber er nahm das auch als etwas Selbstverständliches. Er war sich dessen bewusst, dass Monaco eines der teuersten Länder der Welt war, ein Land der Reichen. In Monako wimmelte es zwar nur so von allerlei Stars und sie hatten Ruhe vor ihren Fans, dafür zahlten sie aber für alles das Zwei- bis Dreifache.

»Dreimal kann ich übernachten und mein Gehalt ist weg,« dachte er sich, als er in den alten Spiegel des so gar nicht prunkvollen

Zimmers irgendwo in der Vorstadt blickte. Er war müde wie ein alter Gaul, deshalb war ihm alles recht.

Er erwachte erst am nächsten Morgen. Er konnte gar nicht glauben, dass er ohne Unterbrechung vierzehn Stunden geschlafen hatte. Der Körper hatte es eben nötig gehabt. Wenigstens wachte er frisch und munter auf und war nun wieder der alte, neugierige und sensible Journalist.

Die Gassen Monacos gefielen ihm auf Anhieb. Sie waren nichts Besonderes, eigentlich waren sie allen anderen Gassen sehr ähnlich. Es überraschte ihn jedoch, dass in fast jeder Auslage ein Bild von Brian East mit Trauerflor hing. Auf den Masten hingen hunderte von schwarzen Fahnen, hunderte von Staatsflaggen waren auf Halbmast gesetzt. Obwohl Brian East kein gebürtiger Monegasse war, verneigten sich doch alle vor seiner Leistung und sahen in seinem Tod ein besonderes Opfer.

In Radio und Fernsehen wurden stündlich neue Meinungen darüber verlautbart, was wirklich in Monza geschehen war, wer größere Schuld am Unfall gehabt hatte, was für ein großartiger Mensch Brian East gewesen sei, dass er wie ein Meteor über Nacht zwischen den Sternen des Autorennsports aufgetaucht war... Es kam Novak so vor, als ob er nur noch zurück nach Hause zu fahren brauchte, sich einen Monat Urlaub nehmen müsse und aus dem Stegreif das Buch schreiben könnte.

Auf den Hügel von San Victorio führten Gondeln aus zwei Richtungen. Weil er sich an das Gedränge in Monza erinnerte, fuhr der Journalist bereits drei Stunden vor Beginn des Begräbnisses zum Friedhof. Auf dem Hügel ging es bereits zu dieser Zeit zu wie auf einem Ameisenhaufen.

Ohne Presseausweis hätte man ihn gar nicht auf den Friedhof gelassen. So konnte er sich aber den Journalisten anschließen, die schon am Vormittag auf den Hügel gefahren waren. Gott sei

Dank respektierte man den Presseausweis in Monaco viel mehr als andernorts.

Eine Stunde vor dem Begräbnis konnte man sich am Hügel kaum mehr bewegen. Novak hatte einen günstigen Platz, hinter einem Denkmal oberhalb des Grabes, in dem man East begraben wollte, ergattert. Er hatte einen guten Ausblick auf die Menschenmenge und auf Easts Verwandte in der Nähe des Grabes.

Das Begräbnis wurde vom staatlichen Fernsehen mit sieben Kameras übertragen. Die Radioreporter, die das Ereignis für ihre Radiostationen kommentierten, konnte man kaum zählen. Aber sicher waren es weit über dreißig. Angeschlossen hatten sich ihnen Hunderte Fotografen und Reporter aus aller Welt.

Genau zur Stunde des letzten Geleits überflogen Flugzeuge Monaco. Im Gedenken an East hüllten sie den Himmel für einige Minuten in die Farben Monacos. Daraufhin wurden Geschützsalven abgegeben, sodass es den ganzen Hügel erschütterte. Gleich danach läuteten alle Glocken im Fürstentum. Es war herzzerreißend traurig.

Nach der Zeremonie in der Kirche zur heiligen Elisabeth, an der auch hundertzwanzig junge weißgekleidete Sänger teilnahmen, zog der Trauerzug zu Easts letzter Ruhestätte. Das Begräbnis verfolgte Novak teils über die Leinwände, die an den Zypressen an der Friedhofmauer aufgehängt waren, teils konnte er das Ereignis direkt vor sich beobachten. Vor dem Sarg marschierte die Königsgarde in feierlichen schwarzen Uniformen. Die Blumen wurden von Mädchen in langen weißen Kleidern getragen, der Sarg von jungen Männern – ganz in Schwarz mit weißen Handschuhen –, wahrscheinlich Kollegen aus der Formel 1. Hinter dem Sarg ging Easts Witwe, deren Gesicht von einem schwarzen Schleier bedeckt war. Beim Gehen stützte sie sich auf einen älteren Mann, wahrscheinlich ihren Vater. Gleich hinter Patrizia halfen zwei junge Männer Frank Williams im Rollstuhl, es folgten die Prinzessin von Monaco, zahlreiche Sportler, Filmstars und Schauspieler, sowie zu Dutzenden bekannter Persönlichkeiten. Es war wirklich ein Begräbnis, wie es die Welt noch nicht gesehen hatte. Das Begräbnis des Jahrhunderts. Am erstauntesten war Novak beim Anblick des Arztes. Ja, es war genau der, der ihn vor dem Krankenhaus der heiligen Cäcilia bei der Polizei anzeigen wollte! Es riss ihn, als er ihn sah. Es gab keinen Zweifel, das war Easts Leibarzt. In den Zeitungen hatte er nämlich gelesen, dass Brian East den offiziellen Rennärzten nicht vertraute, weil angeblich schon einmal jemand wegen zu später Hilfe im Rennwagen verstorben war. Deshalb hatte er sein eigenes Ärzteteam. Eigentlich waren es nur zwei Menschen: ein Arzt und eine Krankenschwester. Am Grab war jetzt nur der Arzt, John Wood.

Er beobachtete ihn aus dreißig, vielleicht fünfunddreißig Metern Entfernung. Je länger er ihn ansah, desto seltsamer kam er ihm vor. Der Arzt wirkte zwar die ganze Zeit ernst, aber überhaupt nicht traurig. Während die Witwe hie und da laut aufschluchzte, der alte Frank Williams zwei dicke Tränen vergoss und der ganze Hügel mitsamt der Prinzessin von Monaco, feuchte Augen hatte, stand der Arzt da und sah sich die Leute seltsam unberührt an.

»Asche zu Asche, Staub zu Staub...« hörte Novak von Weitem in einer fremden Sprache.

Der Arzt lächelte bei diesen Worten sauer. Und das soll Easts persönlicher Arzt sein, über den man in den Zeitungen lesen konnte, dass er auch sein guter Freund war? Und die Krankenschwester war Easts Geliebte? Moment, wo ist denn diese Krankenschwester? Oder ist Linda, die Frau, die als Erste aus dem Krankenhaus der heiligen Cäcilia kam, gar nicht am Begräbnis anwesend? Unmöglich!

»Vater unser, der du bist im Himmel...«

Von den Abschiedsworten berührten Mark Novak am meisten die Worte von Frank Williams:

»Lieber Brian, ich danke dir für alles, was du unserem Sport gegeben hast! Das Team Williams muss für dich einen Ersatz suchen, die Formel 1 wird nie einen finden.«

Alle warteten darauf, dass auch Fred Edwards etwas sagen würde, doch der benahm sich so, als ob er gar nicht anwesend wäre. »Ob er betrunken ist, oder unter Drogen steht?« fragte sich Novak. Auch er wirkte überhaupt nicht traurig.

»Vielleicht... Vielleicht...« Er traute sich den schrecklichen Gedanken nicht einmal in seiner Muttersprache auszusprechen. Plötzlich machte es bei ihm klick. Sein sechster Sinn sagte ihm, dass auf diesem Begräbnis etwas nicht stimmte. Der Arzt verfolgt die Beisetzung seines Freundes wie eine Ausstellungseröffnung, die Krankenschwester ist überhaupt nicht hier und sein Kollege ist total abwesend.

»Nimm zu dir, was dein ist...«

Im ersten Moment kam er sich selbst seltsam vor; sicher war er der Einzige auf dem ganzen Hügel, der es wagte, an so etwas zu denken: Was, wenn Brian East noch gelebt hatte, als er ins Krankenhaus kam? Er hatte alle Möglichkeiten gehabt zu überleben, doch jemand hatte seine Hand im Spiel und tötete ihn. Der Gedanke war grausam, aber angesichts der hier Anwesenden sogar denkbar.

»Nur wer könnte so etwas tun...« murmelte Mark Novak in seinen Bart. »Der Arzt, die Krankenschwester, oder gar die Nummer Zwei?«

Er war vom Gedanken so besessen, dass er ihn überhaupt nicht mehr los wurde. East war beim Rennen zwar schwer verunglückt, aber er starb, weil ihn jemand in den Tod getrieben hatte. Haben sich die beiden Ärzte auf der Straße nicht wegen des Befundes gestritten? Hatte sich Brian nicht kurz auf der Tragbahre aufgerichtet, ehe er wieder auf sie zurückfiel? Ist es nicht ungewöhnlich, dass man ihn nur einige Stunden nach dem Unfall tot in ein anderes Land überführt?

Als zwischen den Zypressen die Fanfaren ertönten, warfen alle Blumen in das Grab, nur der Arzt drehte sich plötzlich um und ging davon. Und Edwards ihm nach. Beide kamen ihm höchst verdächtig vor. Was, wenn Edwards, der ewig Zweite bei Williams, dem Arzt – oder dem Arzt und der Schwester – beauftragt hatte, sich Easts zu entledigen. Beim Unfall hatte sich dann die Chance geboten.

»Tragisch, tragisch... verdächtig tragisch...«

In Novaks Kopf begann eine der außergewöhnlichsten Reportagen mit dem Titel: »Gemeine Intrigen führen zum Tod« oder kurz – »G.I.F.T!«

»Das werden wir noch sehen, ob es nur eine Reportage oder ein Buch wird,« sagte sich der Journalist, als die Leute ringsum den Friedhof so schnell verließen, wie sie gekommen waren. Innerhalb von zwei Stunden hatte sich der Hügel komplett geleert, nur Novak blieb in der Nähe von Easts letzter Ruhestätte.

Wo war bloß Linda, Easts Geliebte?

»Ich verstehe, dass sie wegen der Leute nicht zum Begräbnis kam. Sie würden sie auffressen. Aber wenn sie ihn wirklich gern gehabt hat, dann wird sie früher oder später Blumen ans Grab bringen, zumindest eine Rose.«

Ja, er würde auf sie warten, selbst wenn es drei Tage dauern würde!

Er war ausgeruht, aber so beunruhigt wegen seiner Erwartungen, dass Zeit jegliche Bedeutung verlor. Sie wird sicher kommen. Er muss nur warten. Vielleicht kommt sie in der Dämmerung oder morgen in der Früh. Auf alle Fälle würde sie innerhalb von drei Tagen auftauchen.

Er musste nicht einmal bis zur Dämmerung warten. Kurz bevor der Abend hereinbrach, erblickte er zwischen den Zypressen den Schatten einer großen schlanken Frau. In einem langen schwarzen Kleid, mit schwarzem Kopftuch und einer Sonnenbrille. Ja, es war Linda! Und das mit Sonnenbrillen zu so später Stunde. Sie war nicht allein. Mit ihr war gekommen – er konnte es kaum glauben – Doktor John Wood!

Langsam näherten sie sich Easts Grab. Vorsichtig sahen sich die beiden um, ob sie nicht von jemandem beobachtet wurden. Als sie sich sicher waren, dass niemand da war, näherten sie sich unerwartet entspannt dem Grab.

Linda warf von Weitem eine langstielige rote Rose auf die Marmorplatte.

»Wenn das der Brauch ist, dann soll es so sein!« sagte sie beinahe mit einem Lächeln auf den stark geschminkten Lippen. Irgendwo im Hintergrund blitzte es schwach auf, als ob der Himmel blinzelte. Ob sich ein Gewitter ankündigt? Kurz zuvor war der Himmel noch wolkenlos gewesen.

»Ich weiß nicht, ob ich wegen dieser Scheinheiligkeit lachen oder weinen soll. Weißt du, dass ich mich auf dem Begräbnis beinahe verraten und laut zu lachen angefangen hätte?«

»Ich verstehe dich vollkommen,« antwortete die Krankenschwester. »Eine solche Scheinheiligkeit vertrage auch ich nur schwer. Aber gerade deshalb musste ich mir das Begräbnis aus der Nähe ansehen.«

»Nur gut, dass du dich so lange zwischen den Zypressen versteckt hast.«

»Was hätte ich denn anderes tun sollen? Mich von der Ehefrau ohrfeigen lassen? Die Journalisten bringen mich sowieso schon oft genug mit Brians TOD in Verbindung!« Das Wort »Tod« betonte sie dabei besonders.

Ja, diese beiden haben ihn aus dem Weg gebracht. Brian East war nach dem Unfall zwischen Leben und Tod geschwebt und diese zwei haben einfach die lebenserhaltenden Maschinen abgeschaltet und ihn ins Leichenschauhaus geschickt. Das haben sie sicher auf Wunsch einer dritten Person gemacht. Wahrscheinlich hatte sie Williams zweiter Fahrer Edwards für viel Geld dazu überredet.

Novak folgte den beiden vorsichtig, um auszuforschen, ob die beiden auch ineinander verliebt sind. In diesem Fall könnten sie das Verbrechen ohne dritte Person durchführt haben, einfach aus Eigeninteresse.

»Auf Wiedersehen! Und ruh dich aus! Vergiss nicht die Rolle der trauernden Geliebten zu spielen. Am Nürburgring treffen wir uns wieder. Bis dahin sollte alles in Ordnung sein. Die Formel 1 schreitet in allem so schnell voran, dass Brians Tod bis Ende der Saison bereits vergessen sein wird. Auf Wiedersehen in der Eifel!«

»Ciao!« flötete Linda und verschwand in der Nacht.

»Oh, nichts wird vergessen sein!« stieß Novak einen Fluch lauthals aus. Zum ersten Mal in seinem Leben war er einem richtigen Verbrechen auf der Spur, einem Mord. Koste es was es wolle, er würde diesen Fall lösen.

»Was ist mit dem Buch, wirst du es nicht schreiben?« meldete sich sein Gewissen.

»Natürlich werde ich! Mehr noch. Auch wenn mich jemand mit einer gewöhnlichen Biographie überholt, werde ich als Erster die finsteren Hintergründe dieses ungewöhnlichen Falls aufdecken. Das Buch muss an dem Tag erscheinen, an dem der Hauptschuldige an Brians Tod der Gerechtigkeit in die Hände fallen wird. Wenn alle drei schuldig sind, der Arzt, die Schwester und die Nummer Zwei, wird der Fall nur noch interessanter...«

Aber wie sollte er ihnen auf die Schliche kommen? Er kann nicht einfach zur Polizei gehen und sagen, dass Wood verdächtig ist, weil er am Begräbnis seines Freundes keine Tränen vergossen hat. Er kann Linda nicht anzeigen, nur weil sie während des Begräbnisses zwischen den Zypressen gestanden hat. Er kann auch Edwards das Verbrechen nicht anhängen, nur weil er bei der Beisetzung etwas müde und abwesend gewirkt hat.

Noch am selben Abend kündigte er sein Zimmer in Monako und machte sich entlang der französisch-italienischen Grenze auf den Weg nach Norden, Richtung Deutschland, zum Nürburgring.

III.
Verräterische Technik

Träume gehen nicht für alle in Erfüllung • Leben in Wohncontainern • Empfang bei Frank Williams • Wer ist das M-Mädchen • Linda verrät sich selbst • Das Geld wird Edwards verderben • Der Ökologe ist nicht unschuldig • Sieg des Regenkönigs • Eine geheime Nachricht wird verbrannt

Es stellte sich heraus, dass die deutsche Gründlichkeit für so manches gut ist. In Deutschland arbeitete nämlich auch der internationale Verband der Konstrukteure anders als sonst wo. Die Deutschen hatten alles bis ins Detail vorausgeplant: die Ankunft der Fahrer, die Unterbringung, den Aufenthalt, Pressekonferenzen, Trainings, Treffen mit den Fahrern und den Rennstallbesitzern, die Reinigung der Rennstrecke, die Anlieferung des Treibstoffes, die Anzahl der akkreditierten Journalisten, den Zutritt zu der großen und den kleineren Tribünen, den Wettkampf, das Verlassen der Rennstrecke.

Mark Novak verschaffte die deutsche Gründlichkeit beim Eintritt zum Austragungsort sogar die Akkreditierung. Es war unglaublich, aber wahr – als er mit seinem Presseausweis eine ermäßigte Eintrittskarte kaufen wollte, sagte ihm der Angestellte auf der anderen Seite des Fensterchens:

»Einen Moment, mein Herr! Warten sie bitte! Nur einen Augenblick!«

Er tippte etwas in den Computer ein und schon erschien auf dem Bildschirm der Schriftzug: »NOVAK – Akkreditierung FOCA«.

Mark traf fast der Schlag. Wie hatte man überhaupt in Erfahrung bringen können, dass er von Monaco direkt nach Deutschland gefahren war? Und wie konnte man wissen, dass er die internationale Akkreditierung beantragen würde, um die er gar nicht extra angesucht hatte? Als er sich als Reporter nach Monza aufgemachte hatte, schrieb er auf sein Ansuchen um eine Akkreditierung hinzu, dass er auch mit einem anderen Rennen zufrieden wäre, es müsse nicht unbedingt Monza sein, obwohl ihm völlig klar gewesen war, dass er nicht Hals über Kopf nach Australien würde fliegen können.

Man zeigte ihm das große Zelt, wo die Akkreditierungen für die ausländischen Journalisten verteilt wurden. Und tatsächlich war er dort mit vollem Vor- und Nachnamen, sowie dem Namen der Radiostation, für die er arbeitete, angeführt.

Novak sah sich vorsichtig um. Folgt ihm jemand, beobachtet ihn jemand, will ihn

jemand in eine Falle locken? Irgendwas war da falsch...

Es geschah nichts Besonderes. Keiner kam auf ihn zu und niemand hinderte ihn daran, sich die Berechtigungskarte um den Hals zu hängen, die ihm sogar den Zutritt zu den Boxen der Rennfahrer, den Wohncontainern des Teams sowie zum großen Parkplatz gestattete.

Beim Eingang in das eingezäunte Areal erwartete ihn noch eine Überraschung. Ein Ordner drückte ihm einen Zettel in die Hand, auf dem auf Slowenisch geschrieben stand:

»Komm in meine Reporterkabine. Bin hier schon seit heute Morgen. Niko.«

Jetzt wurde ihm einiges klar. Dass er die Akkreditierung bekommen hatte, dafür hatte sein guter Kollege Niko gesorgt.

»Na, ich dachte mir schon, dass du erst heute ankommen wirst, altes Haus,« begrüßte ihn Mihelic mit einem freundlichen Händedruck. »Daheim glauben sie schon, dass dich irgendeine europäische Straße verschluckt hat. Aber ich wusste, dass dich die Formel 1 so gepackt hat, dass du dem letzten Rennen in Europa nicht wirst widerstehen können. Ja, wie lange bist du denn bis zum Nürburgring unterwegs gewesen? Die Polizei hatte nur Informationen bis zur monegassisch-italienischen Grenze, danach hat sich deine Spur verloren. Dass du aber auf dem Begräbnis gewesen bist, hat jedoch die ganze Welt erfahren…«

»Wie die ganze Welt?«

»Warte, ich sag dir zuerst, wie du an die Akkreditierung gekommen bist. Meine Frau ist dieses Mal nicht mitgekommen und so habe ich dir persönlich geholfen. Eigentlich hat dir Frank Williams geholfen. In solchen Fällen wird auch er noch zusätzlich gefragt. Weil er kleine Länder wie San Marino, Monaco und Slowenien mag, hat er zugestimmt. Du bist doch nicht etwa verärgert, oder?!

»Und woher weiß die ganze Welt, dass ich auf dem Begräbnis gewesen bin?«

»Du warst ja nicht nur am Begräbnis, du bist ja auch in den späten Abendstunden am Friedhof herumgestreunt. Du hast dich doch nicht etwa in die Freundin von Brian verliebt? Weißt du schon, dass man sie M-Mädchen nennt?«

»Wie?«

»M-Mädchen! Sie war früher Model für einen der Hauptsponsoren der Rennen, bei Marlboro, und von da an wurde sie nur mehr M-Mädchen genannt.«

»Woher weißt du, dass ich auf dem Hügel am Friedhof von San Victorio ausgerechnet auf sie gewartet habe?«

»Das Bild ist um die ganze Welt gegangen, auf dem das M-Mädchen, Doktor Wood und du zu sehen seid. Na, wenn du mir nicht glaubst, dann sieh es dir doch selbst an! Egal, welche Zeitung ich aufschlage, in jeder seid ihr Drei zu sehen. Der Paparazzo, der euch heimlich fotografiert hat, hat seine Aufnahme verdammt gut verkauft!«

Novak sah sich verwundert das Foto in der Zeitung an. Er war wirklich auch auf dem Foto. Die Aufnahme war in dem Augenblick entstanden, als Linda die Rose auf Brians Grab legte. Im selben Moment war sein Kopf hinter dem benachbarten Grabstein aufgetaucht. Aha, das also war der abendliche Blitz aus heiterem Himmel! Das hieß also, dass er sich nirgendwo mehr verstecken konnte: Die ganze Welt kannte ihn! Na toll!

Was wollte er mehr, Mihelic erzählte ihm ausführlich, was er nach dem Rennen in Monza noch erlebt hatte. Den Plan, den er im Kopf hatte, verschwieg er aber. Er bat ihn nur um finanzielle Hilfe.

»Zuhause gebe ich dir dann alles zurück. Ich habe nur mehr so viel bei mir, dass ich nach Hause fahren kann. Würde aber dazwischen etwas geschehen, dann bin ich geliefert.«

»Kein Problem. Ich habe immer eine ausreichende Reserve bei mir. Und was die Rennen anbelangt, werde ich bald keine Arbeit mehr haben!« scherzte Niko. »Und da du schon bei mir bist, erklär ich dir, wie ich meine Arbeit mache. Siehst du, hier in der Reporterkabine sind drei Monitore. Auf einem verfolge ich das, was die Zuseher daheim sehen, auf den anderen beiden die Zeiten und andere interessante Informationen für meine Kommentare.«

»Und triffst du dich auch mit den Rennfahrern, Mechanikern und den Konstrukteuren?«

»Na klar. Vor dem Training, nach dem Training, abends, wie es so kommt. Wenn du über alles informiert sein willst, musst du halt unter ihnen leben. Ich habe selbst das Gefühl, einer von ihnen zu sein, obwohl ich zum wohl größten Team der Formel 1 zähle – den Journalisten.«

»Würdest du mich zu einem Rennfahrer bringen? Etwa zu der Nummer Zwei, zu Fred Edwards?« fragte Novak vorsichtig, mit den Gedanken ganz bei seinem Plan. »Oder sag mir nur, wo ich ihn finden kann…«

»Du wirst dich schon selbst zurechtfinden müssen. Ein Reporter muss sich unter den Rennfahrern und den Konstrukteuren so bewegen, dass er nicht aufdringlich wirkt. Was er erfährt, soll er so nebenbei erfahren, sozusagen im Vorbeigehen. Du kannst dir aber sicher sein, dass sich Edwards bei dieser Gelegenheit nicht lang und breit mit einem Reporter unterhalten wird... Er ist ja jetzt nicht mehr die Nummer Zwei, sondern die Nummer Eins, seit es Brian East nicht mehr gibt. Den Platz von Edwards hat nun ein anderer Fahrer eingenommen – der Newcomer Thomas, der schon seit mehr als einem Jahr auf seine große Chance wartet.«

»Danke für alles! Wenn du Zeit hast, dann gehen wir später mal etwas zusammen trinken. Ich lade dich ein! Jetzt aber rasch an die Arbeit!«

Schon bevor ihm Mihelic genauere Anweisungen geben konnte, war Mark Novak verschwunden. Es trug ihn nur so voran in die wirkliche Welt des Autorennsports. Er konnte es gar nicht glauben, aber es war Wirklichkeit. Er konnte sich frei auf dem Platz mit den Wohncontainern bewegen, in denen jetzt einige Tage die wichtigsten Leute sämtlicher Teams, von den Konstrukteuren, Ingenieuren, Mechanikern bis zu den Teamchefs und den Rennfahrern wohnten und sich ausschließlich mit dem Rennen beschäftigen. Er konnte ihren Gesprächen über irgendwelche Probleme lauschen und sich ganz aus der Nähe einen Eindruck von den Menschen machen, die er bis jetzt nur aus dem Fernsehen kannte.

Und was ganz außergewöhnlich war: Egal, wohin er auch kam, fast überall hoben sie ihre Köpfe und grüßten ihn freundlich. Das Bild in der Zeitung hatte viel mehr bewirkt, als er sich hatte vorstellen können. Die Öffentlichkeit lebte eben von den Medien.

So konnte er sich ohne besondere Schwierigkeiten auch zu Fred Edwards durchschlagen. Er überprüfte gerade mit seinem Mechaniker die Einstellung des Seitenstabilisators.

»Es kommt mir so vor, dass der Rennwagen nach links zieht... Auf der linken Seite ist die Belastung offensichtlich zu groß...«

»Wir werden das überprüfen. Vielleicht ist doch etwas geschehen, als du mit dem Wagen von East zusammengestoßen bist, obwohl man es von außen nicht sieht. Die Flügel haben wir dir so oder so komplett ausgewechselt...«

Novak tat, als ob er ein Mitglied des Williams-Renault-Teams wäre. Er kniete sich vor den Wagen und sah ihn sich fachmännisch an.

»Es sieht wirklich so aus, als ob alles in Ordnung wäre. Der Aufprall war nicht schlimm. Man sagt, dass East in dem Moment noch gelebt haben soll...«

Er richtete seine Worte eigens an Edwards, um zu sehen, wie dieser auf seine Worte reagieren würde. Edwards richtete sich auf und sah ihn mit Adleraugen an, dann sagte er scharf:

»Was die Leute so alles reden! Doch ich hab ein reines Gewissen...«

Novak wusste, dass nun seine Chance gekommen war.

»Einige haben mir gesagt, dass Sie nach dem Rennen zu ihm ins Krankenhaus gegangen sind, um ihm beizustehen...« Das hatte er sich natürlich nur ausgedacht. Darüber war nirgends geschrieben worden und das hatte auch niemand gesagt.

»Was werden sich die noch alles ausdenken! Ich war die ganze Zeit mit meinem Team zusammen. Nicht wahr, Jungs?« Er sah sich unter den Anwesenden um, die Novak ärgerlich ansahen, als würden sie ihm sagen wollen: »Was mischt du dich überhaupt in unsere Angelegenheiten ein?«

»Nun ja, ich habe nur wiederholt, worüber man so spricht...«

Besonders überzeugend war Edwards nicht gerade. Wenn er schon nicht mit dem Doktor und dem M-Mädchen unter einer Decke steckte, könnte es doch immerhin möglich sein, dass er alleine in das Krankenhaus der heiligen Cäcilia geschlichen war, um die Geräte auszuschalten.

»Aber ihr seid doch Freunde gewesen, nicht wahr?!« fügte Novak gleichgültig hinzu.

»Freunde, ha!« lachte einer der Mechaniker laut auf. »Solche Freunde wie alle ersten und zweiten Fahrer in allen Rennställen. Sie sind wie Hund und Katz!«

»Halt den Mund!« fuhr ihm Edwards über den Mund. »East ist tot!«

Novak erschien die Nummer Zwei äußerst verdächtig. Denn wer hätte einen besseren Grund gehabt, East zu beseitigen, als er? Der Rennstallbesitzer war mit East zufrieden gewesen, hatte er ihm doch wichtige Konstrukteurspunkte gebracht, Doktor Wood und das M-Mädchen hatten bei ihm einen gut bezahlten Job gehabt; kein anderer hätte einen Grund gehabt, ein Verbrechen zu begehen. Wenn bei Brian East im Krankenhaus die Geräte abgeschaltet worden sind, hätte dies genauso die Nummer Zwei getan haben können!

Der Journalist tat so, als ob ihn der Rennwagen von Edwards nicht mehr interessieren würde, und ging langsam weiter. Es schien, als ob er umher spazieren würde, aber in ihm brodelte es.

»Morgen um zehn Uhr vormittags findet ein großer Empfang bei Williams-Renault statt! Kommen Sie und erfahren Sie die heißesten News vom erfolgreichsten Team der Formel 1!« ging ein hübsches Mädchen von Team zu Team und verteilte Einladungen.

»Und auf mich haben Sie wohl vergessen?« stellte Novak sich frech vor sie. Er folgte seiner inneren Stimme. Wenn es klappt, dann klappt es. Zu verlieren hatte er nichts.

»Wer sind denn Sie?«

»Das weißt du nicht?! Der von dem Foto. Der Reserve-Geliebte vom M-Mädchen!« gaben ihr andere zur Antwort.

Novak verdrehte seine Augen. Weit war er gekommen. Jetzt ist er schon Lindas Geliebter. Die Welt ist wirklich ganz verrückt. Sofort wird jeder noch so große Unsinn miteinander in Verbindung gebracht. Was würden nur seine Frau und sein Sohn daheim dazu sagen?

»Bravo, ich gratuliere!« das Mädchen mit den Einladungen blieb stehen. »East ist kaum in seinem Grab, haben Sie ihn schon ersetzt. Sowas! Na, dann kommen Sie halt auch! Wenn Sie Linda nicht noch persönlich einladen wird. Ich habe ihr bereits fünf Einladungen gegeben.«

»Ich verlasse mich da nicht zu sehr auf sie,« gab sich Novak gleichgültig. »Geben Sie mir nur eine Einladung.«

Und so fand sich die Einladung zum großen Empfang des Williams-Renault-Teams völlig ungeplant in seinen Händen. Hotel Holiday Inn, Nürburg, Alpenstrasse 38, Freitagnachmittag um 18.00 Uhr.

Er stellte sich vor, dass sich auf dem Empfang die Creme de la Creme des Automobilsportes treffen würde, aber es war noch ärger. Nach den Kleidern und dem Verhalten zu urteilen, hatte Frank Williams zu dem Empfang nur jene eingeladen, die wirklich etwas galten: von den besten Fahrern zu den Rennstallbesitzern, von den mächtigsten Sponsoren über Filmstars bis hin zu bedeutenden Politikern.

Novak kam sich selbst wie ein begossener Pudel vor, der nur darauf wartet, vom Schauplatz wegzurennen, um sich trocken zu schütteln. Er konnte von Glück sprechen, dass ihn der Rezeptionist in den großen Saal gelassen hatte, wo es überall, wie in einem Märchen, glitzerte, von den Kristallleuchtern an der Decke bis zu den goldenen Fäden in den Teppichen.

Die Aufmerksamkeit aller war auf die Vertragsunterzeichnung zwischen Fred Edwards und dem Williams-Team gerichtet.

»Verehrte Gäste, liebe Freunde, ich muss sagen, dass dieser Augenblick für mich wirklich ein feierlicher ist, denn ich hatte die ganze Zeit über ein schlechtes Gefühl wegen unseres großen Fahrers

Fred Edwards gehabt. Denn zu Unrecht blieb an ihm der Ruf, die Nummer Zwei zu sein, haften. Er hat nämlich die ganzen letzten fünf Jahre in der Formel 1 als ebenbürtiger Rennfahrer konkurriert. Die ganze Zeit plagte mich mein Gewissen, denn unser Fred ist um keine Spur schlechter als die anderen. Ich bin mir sicher, dass er sehr bald ein leuchtendes Vorbild für unseren neuen Fahrer Thomas sein wird. Es lebe unsere Nummer Zwei! Genau genommen bist du jetzt die Nummer Eins.«

»Es lebe die Nummer Eins!« riefen ihm auch die Übrigen zu.

Ausgewählt schöne Frauen brachten Gläser gefüllt mit Champagner und überreichten diese als erstes dem Rennstallbesitzer und darauf der Nummer Eins – Edwards.

»Auf unser aller Wohl, besonders aber auf deines, Fred! Bevor ich mich aus diesem Sport zurückziehe, wünsche ich mir noch, dass wir mit deinem Können wenigstens den Konstrukteurstitel gewinnen!«

»Aha, es geht also um den Konstrukteurstitel!« ging es von Mund zu Mund.

Die Fotoapparate der internationalen Presse klickten, man hörte ein begeistertes »Bravo!« von allen Seiten.

»Wahrscheinlich muss ich Ihnen nicht extra erklären, verehrte Gäste, liebe Freunde, dass wir beide bereits heute Morgen einen Sondervertrag unterschrieben haben. Wie viel Fred nach dem neuen Vertrag bekommen wird, bleibt selbstverständlich ein Geheimnis, ich kann Ihnen nur so viel sagen, dass es dreimal so viel ist wie bisher. Na, jetzt sind aber Sie an der Reihe, Fragen zu stellen! Hat jemand eine Frage?«

»Wie viel hat Fred Edwards bisher bekommen?« meldete sich ein Journalist zu Wort.

»Dreimal weniger als bisher,« wich Williams diplomatisch aus.

Über die Summe wurden Wetten abgeschlossen – einzig dies interessierte die Anwesenden – es war kein Ende in Sicht.

Novak verschlug es plötzlich die Sprache. Auf der anderen Seite des Kristallsaales sah er Linda. Sie unterhielt sich mit jemandem aus der High Society. Besonders überraschte ihn das rote Kleid, das sie trug – zwar ein dunkelrotes, dennoch war es rot – und sie lächelte ihren Gesprächspartner die ganze Zeit ungewöhnlich süß an.

Was für eine Schande! Am Mittwoch erst war Brian begraben worden und schon am Freitag haben ihn alle ganz vergessen. Sowohl Williams als auch die anderen.

Novak fasste in diesem Augenblick einen Entschluss. Das war die Gelegenheit! Er musste mit Linda sprechen! Er muss so schnell wie möglich herausfinden, was wirklich mit East geschehen war!

Ein wenig unhöflich, aber anders war es ihm nicht möglich, trat er zu Linda und ihrem Gesprächspartner.

»Erlauben Sie, dass ich mich vorstelle – ich bin Mark!«

Linda sah ihn an, als ob er soeben vom Mars gefallen wäre.

»Natürlich kennen Sie mich noch nicht persönlich, obwohl ich heute schon zehnmal zu hören bekam, dass ich angeblich Ihr – Liebhaber bin,« versuchte er zu scherzen.

Linda verschluckte sich so, dass ihr beinahe das Glas aus der Hand gefallen wäre.

»Verzeihen Sie, mein Kollege erwartet mich!« entschuldigte sich ihr Gesprächspartner und ging.

So blieben das M-Mädchen und Novak alleine zurück. Sie war wirklich eine Schönheit von Kopf bis Fuß. Sie hatte das Gesicht eines Filmstars und eine Figur, wie er sie noch nicht gesehen hatte; sie strahlte eine ungewöhnlich große Wärme und Freundlichkeit aus.

»Entschuldigen Sie, ich habe Sie noch nie zuvor gesehen...«

»Oh, das haben Sie doch. Damals am Friedhof auf dem Hügel von San Victorio. Auf allen Bildern sind wir gemeinsam zu sehen...« sagte Novak gerade heraus.

»Ach, der sind Sie!« lachte das M-Mädchen plötzlich laut auf. »Der Mensch hinter dem Grabstein. Ja, was haben Sie denn zu dieser Zeit auf dem Friedhof gemacht?« Sie fragte ihn, als würde sie ihm erklären, warum sie lieber Kipferl als Semmeln isst. Aus ihrer Tasche zog sie ein Foto heraus: »Das sind ja wirklich Sie!« Sie musterte ihn verblüfft von Kopf bis Fuß.

»Es klingt vielleicht ein wenig unhöflich, aber auch ich würde Sie gerne etwas fragen. Sie waren wohl den ganzen Nachmittag am Friedhof – hinter den Zypressen. Was haben Sie denn dort gemacht?«

Linda wurde ernst und senkte den Blick.

»Brian war mein Freund. Alle wissen das. Ich musste sehen, wie er begraben wird...« Auch das hat sie gespielt trocken gesagt.

»Waren sie jemals Schauspielerin?« fragte der Journalist sie gerade heraus.

»Nein, nur Model. Die Schauspielkarriere wartet wohl noch auf mich... Ich hatte leider nie genug Geld, um eine gute Schauspielschule zu besuchen,« sagte sie kleinlaut.

»Jetzt... nach dem Tod von Brian?«

»Ja, jetzt, nach Brians Tod!« wiederholte das M-Mädchen langsam.

»Und ihr Sohn wird nichts dagegen haben? Kinder beanspruchen ihre Mutter doch ganz für sich...«

»Woher wissen Sie denn, dass wir einen – Sohn – haben?« schrak sie zusammen.

»Nun, Sie haben ihn mir gerade gezeigt. Auf dem zweiten Foto in ihrer Geldbörse. Hat sich Brian gefreut – über das Kind?« Absichtlich redete er um den heißen Brei herum, denn er wusste ja nicht, von wem das Kind war.

»Als er geboren wurde, sagte Mark, dass er der glücklichste Mensch auf der Welt sei.«

Novak gab sich kühl, obwohl ihn die Nachricht sehr beunruhigte. Das M-Mädchen hat einen Sohn mit East! Nur warum hatte davon nie ein Wort in einer Zeitung gestanden? Warum hatte sich Linda nicht offen auf das Begräbnis zu kommen getraut? Und warum hatte sie sich von ihm mit einer einzelnen Rose verabschiedet?

»Wie alt ist er denn – Ihr gemeinsamer Sohn?«

»Im Frühling war er sechs.«

Novak versicherte ihr, dass er sie nicht verraten würde. Wenn Linda jetzt vierundzwanzig, fünfundzwanzig Jahre alt war, hatte sie den Sohn mit achtzehn, neunzehn bekommen. Also kannten sich die beiden schon verdammt lange. Vielleicht wollte sie ihn aber an der Nase herumführen. Man hörte ja, dass solche Mädchen mit allen Wassern gewaschen waren. Irgendetwas stimmte da nicht...

»Und wo ist ihr – gemeinsamer Sohn?«

»Das ist nun wirklich nicht wichtig!« sie lächelte, als ob sie einen Kaugummi reklamieren würde, dann entsann sie sich plötzlich: »Entschuldigen Sie, auf mich wartet Arbeit. Wenn Sie ein Mensch sind, hängen Sie diese Sache nicht an die große Glocke. Besonders in dieser schweren Zeit nicht, bitte!«

Und das M-Mädchen war schon verschwunden.

Novak legte sich in seinen Gedanken die Geschichte zurecht. Er begann mit der schwärzesten Variante. Die langjährige Erfahrung als Journalist zwang ihn dazu, zuerst an die grausamste Möglichkeit zu denken.

Natürlich war es Linda gewesen, die Brian East die lebenserhaltenden Geräte abgeschaltet hatte! Die Nummer Zwei hatte damit vielleicht wirklich nichts zu tun. Linda hatte Brian nie wirklich geliebt und sich auf ihn nur wegen seines Geldes eingelassen. Weil sie wusste, dass er früher oder später mit dem Rennfahren aufhören und zu seiner Frau zurückkehren würde, hatte sie sich zu diesem verhängnisvollen Schritt nur deshalb entschlossen, um selbst weiterhin gut leben zu können. Ihr Sohn war rechtlich der Erbe von Brians Vermögen. Der Nachlass war so groß, dass von ihm problemlos beide gut leben könnten – der Sohn und Linda – bis an ihr Lebensende.

Die zweite Variante war, dass Linda und Doktor Wood sich liebten und East vorsätzlich getötet hatten. Natürlich durfte er auch diese Möglichkeit nicht außer Acht lassen, dass die Nummer Zwei, Fred Edwards, die beiden – oder aber nur das M-Mädchen – für ein hübsches Sümmchen dazu angestiftet hatte. Für beide wäre dies ein zusätzlicher finanzieller Ansporn gewesen, und im Grunde genommen wäre es beiden recht gewesen.

»Alle drei sind verdächtig, aber wie soll ich das nur beweisen!«

Er ging verunsicherter, als er gekommen war. Alles, was er wusste, war, dass in seinem Buch über East auch ein Bild von seinem Sohn abgedruckt werden müsste.

Beim Nachmittagstraining war Schumacher erster, zweiter Edwards und dritter Irwine. Im Team von Williams hatte man alle Hände voll zu tun. Es ging jetzt um alles oder nichts. Der Einzige, der jetzt noch verhindern konnte, dass Schumacher neuer Weltmeister würde, war Edwards. Im Wohncontainer von Williams war es so heiß wie noch nie. Novak horchte hinter der Tür und hörte so manches, was ein streng gehütetes Teamgeheimnis war: die Unterhaltung zwischen dem Fahrer und dem Rennstallbesitzer.

»Du bist großartig, Fred! Es fehlt dir nur ein wenig an Finesse. Ich finde, dass du besonders die obere linke Kurve zu spät nimmst, was dich im Training bestimmt eine halbe Sekunde gekostet hat.«

»Mir scheint, dass das Lenkrad in der Geraden bei über dreihundert km/h irgendwie seltsam flattert. Kann man da wirklich nichts nachbessern?«

»Du hast doch nicht etwa Angst?! Wenn du dich fürchtest, wirst du in die Fußstapfen von East treten. Erinnere dich an die wohl wichtigste Regel der Formel 1: Der Rennfahrer alleine beherrscht

die Situation auf der Rennstrecke und hat vor nichts Angst. Es fürchten sich nur Feiglinge. Nutz' besser die Stärke unseres Motors.«
»Ich schlage vor, dass wir nur zwei Mal Boxenstopp machen. Schumacher war bei den beiden letzten Rennen drei Mal in der Box. Natürlich bist du am Anfang mit vollem Tank nicht so schnell, die fünfundzwanzig, dreißig Sekunden, die der Deutsche durch den dritten Boxenstopp verliert, sind dein großer Vorsprung. Schau, dass du ihm die ganze Zeit auf den Fersen bleibst, bei seinem dritten Boxenstopp ziehst du dann entscheidend an ihm vorbei.«
»Gut, dann machen wir nur zwei Boxenstopps. Was ist mit den Reifen?«
»Wenn es wirklich wie vorhergesagt regnen sollte, wirst du schon mit Regenreifen starten. Wenn die Rennstrecke am Anfang trocken ist und es dann zu regnen beginnt, machst du erst den Boxenstopp, wenn dein Sprit knapp wird. Es wird dann der Tank nachgefüllt und gleichzeitig werden sie dir die Reifen mit dem Profil draufgegeben. Abgemacht?«

Ähnliche Gespräche wurden nach dem Samstagstraining bei allen Teams geführt. Als jemand vom Team plötzlich die Tür öffnete, tat Novak so, als ob er gerade vorbeigekommen wäre. Wortlos taumelte er davon.

Er ging und ging, die Rennstrecke entlang, um sich alle Einzelheiten der berühmten deutschen Strecke aus der Nähe anzusehen und genau in sein Gedächtnis einzuprägen. Plötzlich sah er einen Mann in einem dunkelgrünen Overall vor sich. Unmöglich, Mike Green war auch in Deutschland!

»Na, ich wusste nicht, dass Sie zur Creme de la creme gehören!« begrüßte ihn Green respektvoll. »Ich habe alles gesehen, alles in den Zeitungen gelesen... Tragen Sie es mir nicht nach, Herr Nowakowski aus der Slowakei. Könnten Sie mir für meinen Sender

eine Erklärung darüber abgeben, wie gefährlich Ihnen die Formel-1-Rennen erscheinen. Nur nicht länger als fünf Minuten, bitte!«
Novak winkte ab, um anzudeuten, dass ihm nicht danach war.
»Ja, natürlich, der Ruhm, der Ruhm... Nun, dann halt nicht... Aber Freunde bleiben wir doch weiterhin, oder? Wie es scheint, werden wir uns noch öfter treffen. Aber Sie haben doch gesagt, dass Sie sich nur flüchtig für diese verrückten Leute interessieren.«
Dem Journalisten sagte seine innere Stimme, dass dieser Herr Mike Green nach außen hin sehr unschuldig wirkte, aber seine Gesprächigkeit zeigte, dass er etwas verheimlicht. Plötzlich fiel ihm ein:
»Warten Sie, warten Sie, könnten Sie mir vielleicht ihre Aufnahme von Monza zeigen? Haben Sie nicht mit Ihrer Kamera den Unfall von East aufgenommen?!«
»Ich filmte nur Allgemeines. Die Gefahr der Rennen eben!« sagte der Mann im grünen Overall mit Unschuldsmiene.
»Könnten Sie mir kurz Ihre Aufnahme zeigen? Nur mir!«
Er trat zu ihm und wollte ihm die Kamera aus der Hand nehmen.
»Oh, so nicht!« widersetzte sich der Greenpeace-Aktivist. »Das ist allein meine Aufnahme. Und überhaupt... Und überhaupt... Habe ich die Aufnahme von Monza in Sicherheit gebracht...«
Novak überflog mit einem Blick die Umgebung. In der Nähe des Verkaufsstandes stand am Boden eine große Tasche mit Filmmaterial. Weil sonst keine andere Tasche in der Nähe stand, war diese sicherlich die von Green.
Er hat die Filmkassette vermutlich in der Tasche, solch einen wertvollen Film würde niemand im Auto lassen. Und sicherlich war auch der Mann im grünen Overall immer einer von denen, die einfach neben der Rennstrecke schliefen.
Er wusste, dass es äußerst dreist war, aber er sah keine andere Möglichkeit. Er griff in die Tasche... Er hatte erwartet, daraus eine

Filmkassette mit dem Aufkleber »MONZA« zu ziehen, in seinen Händen aber fanden sich drei Briefe wieder. Alle drei waren an Brian East adressiert.

»Das sind nicht meine, irgendjemand hat sie mir untergeschoben!« fing Green ungewöhnlich lebhaft an zu stammeln, so als ob er sich vor Gericht verantworten müsste.

»Aha, sie sind also einer von denen, die Briefbomben an East geschickt haben... Nun, da hört der Spaß aber auf!«

Mike Green schmiss sich im selben Augenblick wie ein Schuljunge vor ihm auf die Knie, faltete seine Hände, als ob er beten würde und sagte flehentlich:

»Mein Herr, ich weiß genau, dass Sie von der CIA sowohl nach Monza als auch zum Nürburgring geschickt worden sind. Mir ist gleich ein Licht aufgegangen, als ich Ihr Bild in der Zeitung auf dem Titelblatt gesehen habe. Ich gebe Ihnen, so viel Sie wollen – zwei Bauernhöfe in Irland und einen Eisbrecher auf Grönland – aber bitte erstatten Sie keine Anzeige! Ich verspreche Ihnen hoch und heilig, dass ich mich bessern werde. Wissen Sie, das ist wegen der Nerven. Wenn die Motoren aufheulen, bin ich völlig verwirrt. Mir ist sehr wohl bewusst, dass es viel besser ist, wenn sich die Jungen auf der Rennstrecke Wettkämpfe liefern, anstatt sich auf den Straßen umzubringen, doch ich kann mir nicht helfen. Ein Arzt hat mir einmal gesagt, dass in meinen Adern grünes Blut fließt. Das ist wahr! Ich wurde in einer einsamen Kate inmitten von Weideland geboren und wuchs allein zwischen den Fjorden auf; den ersten Fremden habe ich auf dem Gymnasium gesehen. Deshalb liebe ich alles, was grün ist und hasse alle, die das Grün auf der Erde zerstören. Ich bitte Sie, ich gebe Ihnen alles, nur bitte zeigen Sie mich nicht an!«

Mark Novak trat zu ihm und forderte ihn auf:

»Zeigen Sie mir einen der Briefe! Natürlich nur, wenn kein Sprengstoff darin ist.«

Der Mann im grünen Overall öffnete mit zitternden Händen den ersten Brief:

»Es sind alle gleich. Gedruckt hat sie für mich ein Freund aus Neuseeland. Sehen Sie, Sie sind ganz harmlos. Wir fordern nur, dass die Rennen der Formel 1 im nächsten Jahrtausend abgeschafft werden und durch einen traditionellen griechischen Marathon, der auf Grünflächen stattfinden soll, ersetzt werden. Wäre es nicht herrlich, wenn etwa Schumacher in kurzen Hosen aus dem Wald gerannt käme und allen in Esperanto vorsingen würde:»Erde, du bist unser wunderbarer grüner Planet, es gibt keinen schöneren als unsere Welt!« Sie kennen doch die grüne Hymne?«

Novak las sich einige Zeilen durch:

»Die Unterzeichneten haben Sie alle, die Formel-1-Fahrer, zum Tode verurteilt. Da die Gerichte die Angelegenheit nicht ernst genug nehmen, werden wir in kürzester Zeit das Urteil selbst vollstrecken.« Auch die Fortsetzung war nicht freundlicher.

»Und wo haben Sie den Sprengstoff? Es haben wohl die Briefträger in Monza zehn weitere solcher Briefe gefunden – mit Sprengstoff gefüllt.«

»Meine waren ohne Sprengstoff. Ich habe auch nur siebenundneunzig von ihnen verschickt. Die drei, die sie in Händen halten, habe ich zur Erinnerung in der Tasche gelassen. Für meine Enkel. Damit sie wissen, welch mutigen Großvater sie hatten…«

Der Journalist durchbohrte ihn mit scharfem Blick:

»So werden wir das machen, mein lieber Herr Green! Sie werden mir die Aufnahme von Monza aushändigen, und ich werde Sie nicht bei der Polizei anzeigen. Doch ich werde Sie nur dann nicht anzeigen, wenn Sie ihre Kollegen davon überzeugen, solche Briefe nicht mehr zu verschicken. Ist das ein Deal?«

»Oh, welch ein guter Mensch Sie doch sind, Herr Nowakowski!« küsste ihm der Mann im grünen Overall höflich seine Hand.

»Natürlich händige ich Ihnen sehr gerne die Aufnahme von Monza aus. Ich bitte Sie nur darum, sie mir später wiederzugeben. Sie können sie mir auch per Post schicken.«

»Das werde ich und zwar ohne Sprengstoff!«

Er kehrte mit gemischten Gefühlen in das Pressezentrum zurück. Könnte unter den Verdächtigen auch der Mann im grünen Overall sein? Natürlich! Vielleicht hat er sogar den Unfall verschuldet. Auf dem Fernsehbildschirm sah man, dass sich die Räder von East und Schumacher ineinander verhakt hatten, vielleicht steckte aber die Ursache des Unfalls ganz woanders. Vielleicht hatte Green eine Kugel in Easts Reifen geschossen. In Monza hätte das ohne besondere Konsequenzen geschehen können. Der Rennfahrer wäre nur ins Schleudern geraten und... Vielleicht hatte es East in der Kurve wegen eines Reifenplatzers geschleudert...

Er eilte in das Fernsehzentrum, wo man alle Geräte zur Wiedergabe und Überspielung hatten. Sie boten ihm die Hilfe eines Technikers an, der sich mit den Geräten gut auskannte. Novak schoss in den Kopf, dass er die Kassette auch noch überspielen müsste, was er mit Hilfe des Technikers auch tat. Für die Kassette musste er viel zahlen. Nur gut, dass ihm Mihelic fünfhundert Euro in die Hand gedrückt hatte.

Schon bei der Überspielung hatte er bemerkt, dass sich das, was ihm vorher schon merkwürdig vorgekommen war, bewahrheitete. Brian East war nicht auf der Stelle tot gewesen, er wollte sogar noch von der Trage aufstehen.

BRIAN EAST LEBTE ALSO NOCH AUF DER RENNSTRECKE!

»Stopp, zeigen Sie mir das bitte noch einmal!« bat er den Techniker.

In Zeitlupe sah er sehr gut, dass sich East auf der Trage aufgerichtet hatte, so als ob er aufstehen und selbst vom Unfallort weggehen wollte, der Arzt aber hatte ihn, irgendwie hart, auf die Trage zurückgedrückt. Mehr als klar war also, dass Brian East nicht bereits beim Zusammenstoß gestorben war.

Die Kassette gab er Green sofort zurück. Den fand er am Boden, weinend.

»Ich habe alles vermasselt, alles! Jetzt werden sie mich bei Greenpeace ausschließen. Und ich hoffte, mindestens nationaler Präsident von Greenpeace zu werden!«

»Nun, ich werde noch sehen, was ich mit dir machen werde!« sagte Novak an ihn gerichtet. »Auf jeden Fall bist du nicht unschuldig. Du hast dich ja nach dem Unfall aus dem Königspark geschlichen und bist über die Feuerleiter ins Krankenhaus der heiligen Cäcilia geklettert...« Natürlich sagte er das mit Absicht, um zu sehen, welche Wirkung seine Worte auf ihn haben würden.

»Oh, das ist aber nicht wahr!« sprang Green auf. »Nach dem Unfall habe ich die Schweinerei im Königspark gefilmt. Ich kann Ihnen die Aufnahmen sofort zeigen.«

Novak drehte sich zornig um und ging davon. Brian Green kam ihm wie ein kleines Kind vor. Vielleicht war er wirklich nicht folgenschwer mit dem verdächtigen Trio verbunden, obwohl er ihn weiterhin wachsam beobachten würde. Was aber, wenn er den Unfall aus der Ferne verursacht hatte? Mit Sprengstoff kannten sich seine Freunde und er offensichtlich gut aus. Den zweiten Teil haben dann Doktor Wood, die Krankenschwester Linda und der Fahrer Edwards zu Ende gebracht.

»Welch ein Pech! Anstatt dass sich der Kreis der Verdächtigen schließen würde, wird er immer größer...«

Das Rennen endete mit dem großen Sieg von Schumacher. Es hatte tatsächlich während des Rennens zu regnen begonnen und das hatte der kluge Schumacher für sich zu nutzen gewusst. Er hatte zwar drei Mal einen Boxenstopp gemacht, doch hatte man bei ihm gleich beim ersten Boxenstopp auch Regenreifen aufgezogen. Bei

Edwards hatte man das erst beim zweiten Boxenstopp gemacht und dabei hatte er so viel Zeit verloren, dass er seinen Konkurrenten nicht mehr einholen konnte.

Bei seinem zweiten Stopp hatte er auch noch einen Anfängerfehler begangen. Mit der Absicht, Schumacher so bald wie möglich zu überholen, fuhr er in der Kurve vor der Box zu schnell und das kostete ihn einen guten Platz. Er fuhr nämlich so unglücklich in die Umzäunung, dass man den Schaden nicht schnell genug reparieren konnte und er musste das Rennen vorzeitig beenden.

Die Endplatzierung lautete: erster Schumacher, zweiter Häkkinen, dritter Irwine.

»Eine große Sensation! Schon vor dem letzten Rennen in Adelaide war der Deutsche Michael Schumacher neuer Weltmeister. Zeitgleich kam es zu einem interessanten Zufall: Gleichstand zwischen Ferrari und Williams-Renault. Beide haben bislang hundertvierzehn Punkte gesammelt. Das letzte Rennen in Australien wird daher nur mehr den Wettkampf zwischen den Konstrukteuren entscheiden. Großer Applaus für den großen Deutschen Michael Schumacher!«

Ein Ende der Feier war so schnell nicht in Sicht. Den Organisatoren war alles geglückt, wurde doch Schumi in Deutschland zum Nationalhelden. Die Zuseher schien es gar nicht zu stören, dass er für Ferrari fuhr. Hauptsache er war einer von ihnen.

Wieder waren Champagner, Gratulationen und Pressekonferenzen an der Reihe. Novak hatte die ganze Zeit über gespannt zugehört, ob jemand den verstorbenen Brian East besonders erwähnen würde. Niemand tat es.

Als er das Niko Mihelic sagte, tröstete ihn dieser:

»So ist es eben. Auch mit dir wird es nicht viel anders sein. Heute machst du die besten Reportagen für deinen Sender, wenn du aber von der Bildfläche verschwindest, wird man dich nach ein paar

Tagen bereits vergessen haben. Nun, etwas wird in Monza stets an East erinnern. Ich weiß nicht, ob du es überhaupt schon weißt: Die Kurve, in der er tödlich verunglückt ist, wurde nach ihm benannt. So werden wir uns zumindest beim Rennen im nächsten Jahr wieder an ihn erinnern. Wenn nicht etwas dazwischen kommt...«

»Weißt du, was mich interessieren würde? Ob beim Rennen der Mensch und die Maschine wirklich eins werden?«

»Ja. Jeder Fahrer verschmilzt förmlich mit seinen Füßen, den Händen am Lenkrad und seinem Körper buchstäblich mit dem Rennwagen. Der Mensch wird zur Maschine. Stell dir nur vor, wie du dich fühlen würdest, wenn du auf einmal siebenhundert PS in deinen Händen halten würdest. Es wundert also nicht, dass manchen die Zügel entgleiten...«

»Aber je mehr ich über die Formel 1 herausfinde, umso mehr scheint mir, dass so einigen auch im Hintergrund die Zügel entgleiten, nicht nur auf der Rennstrecke.«

»Das ist wahr. Du musst aber wissen, dass nirgendwo sonst so viel Geld fließt wie genau hier.«

Und genau deshalb muss Mark ein Buch über East schreiben. Vielleicht werden ihn die anderen über Nacht vergessen, er aber wird ihn nie vergessen. Zu nahe ist ihm sein Tod gegangen. Es schien ihm, als ob der Tod mit seiner Sense vor seiner Nase herumgefuchtelt hätte. Und er war auch den Hintergründen zu nahe gekommen, von denen die anderen nichts ahnten. Wenn er beweisen könnte, dass Brian East nicht an den Folgen des Unfalls gestorben war, wäre dies eine Weltsensation.

Der Schauplatz leerte sich allmählich. Die Rennwagen wurden einer nach dem anderen auf große LKWs verladen, die Rennfahrer scherzten mit den Mädels, die Mechaniker tranken hinter den Boxen ein Bier auf den Sieg.

Novak konnte sich nicht und nicht entscheiden, nach Hause aufzubrechen.

Er ging im Pressezentrum auf und ab, unterhielt sich mal mit dem einen und mal mit dem anderen. Das Glück, mit einem der Rennfahrer sprechen zu können, hatte er nicht mehr, aber auch die anderen in der Formel-1-Karawane waren nicht uninteressant. Jedes Team hatte bei jedem Rennen mindestens dreißig Leute, alles zusammen – mit den Konstrukteuren und den Ingenieuren in den Werkstätten – um die hundertvierzig, hundertfünfzig. Es handelte sich hier also um eine große Familie, die alle nur für ein Ziel lebten: Dass ihr Fahrer mit ihrem Motor siegen würde.

Plötzlich erregte eine laut rufende junge Frau im Pressezentrum seine Aufmerksamkeit, gleichzeitig schwenkte sie eine Nachricht in der Hand, die per Fax gekommen war.

»Doktor Wood, Doktor Wood, sind Sie noch hier?«

Novak eilte unbewusst in ihre Richtung. Er hatte nicht gewusst, dass Easts ehemaliger Leibarzt auch hier war.

Bald darauf war Wood bei der jungen Frau. Er war einfach gekleidet, ins Gesicht gezogen hatte er eine Schirmkappe in den Farben und mit dem Emblem von Williams. Es machte den Eindruck, als wolle er sich darunter vor den Leuten verstecken, auch vor dem eigenen Team.

»Das ist für Sie, Herr Wood! Es ist eben hereingekommen.«

Der Arzt wandte sich ab und riss der jungen Frau unfreundlich den Zettel aus der Hand.

»Was fuchteln Sie denn damit herum! Sehen Sie denn nicht, dass es sich um eine persönliche Nachricht handelt, ich bitte Sie!«

Novak stellte sich dumm und trat dicht an seine Seite. Er wollte sagen: »Ich bin der vom Bild auf dem Hügel von San Victorio,« aber er biss sich lieber auf die Zunge. Es war vernünftiger zu schweigen.

Der Arzt strahlte über das ganze Gesicht.

»In Ordnung, alles ist in Ordnung...« nickte er zufrieden. »Nur, dass es nun in Ordnung ist...«

Novak hatte keinen Blick auf den Zettel werfen können, in seiner Phantasie entwickelte sich jedoch von alleine eine Geschichte. Natürlich war alles in Ordnung: East haben sie begraben und gleich vergessen, Linda war wahrscheinlich irgendwo mit ihrem Sohn, die beiden verdächtigte niemand und bald werden sie zusammen sein können. Mit einem Koffer voller Geld, das ihnen Edwards geschickt hatte, würden alle drei gut bis an ihr Lebensende leben. »In Ordnung, alles ist in Ordnung... Nur, dass es nun in Ordnung ist...« Dies bedeutete, dass Edwards letztlich Linda den Koffer voll mit Geld übergeben hatte.

Aber wie sollte er dies beweisen? Wenn er doch nur diese Nachricht hätte! Er war sich sicher, dass in ihr der Schlüssel zu Easts geheimnisvollem Tod lag. Der Arzt wandte sich etwas freundlicher an die junge Frau und sagte:

»Entschuldigen Sie, Sie haben doch sicher ein Feuerzeug. Können Sie mir das für einen Augenblick borgen?«

»Natürlich, bitte sehr!«

Im nächsten Augenblick ging der Zettel mit der Nachricht in Flammen auf. Er verbrannte ungewöhnlich schnell und gründlich. Der Arzt hielt ihn in seinen Händen, bis er ganz verbrannt war und die Flammen beinahe seine Finger erfasst hatten. Erst dann ließ er ihn zu Boden fallen.

»So, nun ist alles in Ordnung...« er rieb sich zufrieden seine Hände und ging davon.

Novak beabsichtigte, ihm zu folgen, änderte aber sofort seine Meinung. Am Rand des Zettels müsste doch die Faxnummer des Absenders stehen. Vielleicht aber...

Vorsichtig trat er auf den angesengten Rand des Papiers. Als er sah, dass ihn niemand beobachtete, bückte er sich und hob diesen auf. Ja, auf ihm stand gut sichtbar die Nummer des Absenders. 0807–32 67 99 11.

Die Nachricht kam also von weit weg, aus einem anderen Ortsgebiet, aber noch aus Deutschland. Wenn sie Linda gesendet hatte, wartet sie irgendwo auf ihn, um sich dann gemeinsam mit ihm davonzumachen. Und mit dem schmutzigen Geld.

Oder sie war bereits unterwegs. Vielleicht hatte sie die Nachricht von einem Bahnhof, Busbahnhof oder einem Flughafen geschickt...

Er machte sich eilig zur Postabteilung auf und fragte äußerst nervös, wem die Faxnummer 0807–32 67 99 11 gehörte.

Der Computer zeigte wenige Sekunden später folgende Adresse auf dem Bildschirm an:

»Private Schönheitsklinik Walter Wald – Schwarzwald.«

Er stieß überrascht einen Pfiff aus. Nun, dort ist er also!

Und so kam es, dass er sich auf der Autobahn auf dem Weg in Richtung Schwarzwald fand, statt geradewegs nach Hause zu fahren. Sonst hätte er nie mehr ruhig schlafen können. Er musste hinter die Wahrheit kommen, unbedingt!

IV.
In der Schönheitsklinik

Wie man am schnellsten die Erinnerung verliert • Der hippokratische Eid • Williams' Gesundheit verschlechtert sich • Das Erbe kommt zuerst • Anwälte bestimmen den Lauf der Dinge • Der Sohn stellt alles auf den Kopf • Was Brian East in Wirklichkeit zugestoßen ist

Er glaubte schon, sich auf der Straße durch den dichten Fichtenwald verirrt zu haben, als ihn plötzlich ein herabgelassener Schranken stoppte. Es sah aus, als ob hier das Ende der Welt sei. Er konnte nicht mehr weiter.

Er stieg aus und besah sich dieses achte Weltwunder. In der Einsamkeit, mitten im Wald, versperrte ein dicker Balken die Straße. Schon richtig, dass die Geschwindigkeit anfangs auf sechzig km/h beschränkt war, dann für etwa einen Kilometer auf vierzig, bis schließlich alle fünf Meter »STOP«, »STOP«, »STOP« auf den Asphalt gepinselt war. Es schien so, als ob sich jemand ein schönes Fleckchen Erde angeeignet hätte.

»Die Welt wird tatsächlich immer verrückter...« sagte Novak halblaut zu sich und sah sich die Umgebung genauer an. Es half alles nichts, er musste weiter. Neben dem Schranken war gerade genug Platz, um den Golf vorbei zu zwängen.

Er öffnete das Seitenfenster und versuchte zwischen dem Schranken und einer dicken Fichte hindurch zu schlüpfen. In diesem Moment stoppte ihn eine freundliche Frauenstimme. Sie kam aus einem versteckten Lautsprecher auf der Fichte.

»Sie wünschen, bitte?«

Für einen Moment war er verwirrt. Er wusste nicht, ob man ihn auch mit Kameras beobachtete. Er setzte eine freundliche Miene auf und sagte:

»Ich würde gerne mit... Doktor Wood sprechen.« Wenn's klappt, umso besser, wenn nicht, kann er noch immer umdrehen.

»Wir nennen uns jetzt Private Schönheitsklinik Walter Wald,« antwortete die Stimme aus dem Lautsprecher schon wesentlich weniger freundlich. »Wünschen Sie eine Schönheitsoperation?«

»Ja, so etwas Ähnliches!«

»Fahren Sie nur weiter!« zwitscherte die Stimme. »Ich werde Ihnen gleich den Schranken öffnen. Sie haben Glück, heute wird Sie Doktor Wald persönlich empfangen. Willkommen in unserer Privatklinik!«

Der Schranken öffnete sich, aus dem Lautsprecher drang beschwingte Musik, wie Fanfaren.

Novak ließ die Augen mal nach links, mal nach rechts schweifen. Der Wald lichtete sich immer mehr, schließlich erhob sich vor ihm ein begrünter Hügel mit einem wunderschönen Schloss darauf. Es war wie im Bilderbuch. Das Schloss war so groß wie vier Häuser, an den Seiten hatte es vier spitze Türmchen und vor dem Eingang lag bis zum Parkplatz ausgebreitet ein roter Teppich.

Vor dem Schloss standen bloß zwei große Autos: ein Mercedes und ein Volvo, beide mit deutschem Kennzeichen. Es empfing ihn Vogelgezwitscher, himmlische Ruhe, eine märchenhafte Umgebung. Nur an der Fassade dürfte vor nicht allzu langer Zeit etwas Ungewöhnliches passiert sein. Unter der großen grünen Aufschrift »PRIVATE SCHÖNHEITSKLINIK WW« war vorher sicherlich der Name zur Gänze ausgeschrieben gewesen. Aber es war dort nicht Walter Wald, sondern – überraschenderweise – Walter Wood geschrieben gewesen. Man konnte sehr gut sehen, dass dort Wood gestanden hatte.

An der Eingangstür empfing ihn der Rezeptionist im dunklen Anzug und mit weißen Handschuhen:

»Ihr werter Name, bitte?«

Der Journalist wusste, dass er nicht lügen konnte, deshalb sagte er ihm seinen richtigen Namen.

»Wären Sie so freundlich und würden Sie mir ein persönliches Dokument aushändigen? Personalausweis, Pass, Führerschein. Was auch immer. Wenn Sie jedoch schon bei uns waren, sagen Sie mir einfach ihre Patientennummer.«

Novak gab ihm seinen Pass.

»Einen Moment bitte, nehmen Sie doch dort im Vorraum Platz, ich bin gleich zurück!«

Novak setzte sich in den großen Lehnsessel im Empfangsraum. An den Wänden hingen Kunstwerke, auf den Tischen lagen Hochglanz-Illustrierte, an der Seite stand eine einladend beleuchtete Vitrine. Darunter erschien fortwährend ein Leuchtschriftzug: »Bitte, bedienen Sie sich, bei uns soll niemand Durst leiden!«

Es war nicht einmal eine halbe Minute vergangen, als der Rezeptionist mit seinem Pass zurückkehrte.

»Danke für Ihr Vertrauen! Der Herr Doktor wird Sie gleich empfangen.«

»Nur eines interessiert mich noch. Ich bin hier doch richtig, oder? Sie haben hier die Nummer 0807–32 67 99 11? Damit es nicht zu einer schicksalhaften Verwechslung kommt...«

»Ja, ja, das sind wir. Doktor Wald wird sofort hier sein.«

Kurz darauf erschien auf den Stufen ein Mann in weißem Arztmantel, mit Ziegenbart und heller Brille. Er ähnelte Doktor Wood bis aufs Haar. »Hatte er sich schon wieder verkleidet?«

durchfuhr es den Journalisten. Das ist jetzt aber wirklich schon eine gruselig tragische Reportage.

»Treten Sie nur näher, es braucht Ihnen nicht unangenehm zu sein,« lud ihn der Arzt mit einer eleganten Geste in seine Ordination ein, wo an den Wänden nur Bilder schöner Menschen hingen. »Ihre finanzielle Situation in Ihrer Heimat ist zwar nicht die Günstigste – zumindest haben wir solche Daten bei der Finanz erhalten – wir sind jedoch davon überzeugt, dass Sie umso mehr Bargeld mit sich führen. Meinen Erfahrungen zufolge haben die Menschen aus Ihrem Land das meiste Geld gleich in der Tasche.« Bei diesen Worten grinste er breit und suchte mit den Augen nach Novaks großer Tasche.

»Na ja, ich bin ja nicht hergekommen, damit Sie mich verjüngen, wie die an den Wänden...« zeigte er auf die Bilder.

»Entspannen Sie sich, ich bitte Sie, entspannen Sie sich! Und setzen Sie sich hierher, vor diesen großen Spiegel, der alles anschaulich zeigt. Haben Sie keine Angst! Wir werden keine Eingriffe machen, die Sie nicht wollen. Ich weiß auch, dass es schwer ist, über seine äußerlichen Fehler zu sprechen. Aber allein, dass Sie sich für eine Untersuchung bei uns entschieden haben, spricht dafür, dass Sie eigentlich eine besonders starke Persönlichkeit sind. Warten Sie, ich werde gleich selbst feststellen, was nicht in Ordnung sein könnte. Nun gut, die Nase ist natürlich mindestens einen halben Zentimeter zu lang. Oh, was Nasen betrifft haben wir viele gute Erfahrungen. Den Knochen werden wir etwas abschneiden, die Haut kürzen und straffen und in drei Wochen werden sie eine Schönheit sein, dass selbst die Models sich nach Ihnen umdrehen werden. Auch die Stirn ist schon recht kahl. Eine Kleinigkeit. Erlauben Sie, dass ich nachsehe, ob Sie auf der Brust behaart sind. Sie müssen wissen, die Haut auf der Brust eignet sich am besten als Kopfhaut. Die Ohren müsste man ein wenig verschmälern. Schauen Sie, vor allem das Rechte steht vom Kopf ab wie – verzeihen Sie den Ausdruck – ein Segel.

Mit Augenmaß würde ich sagen, da irre ich mich praktisch nie, dass es einen ganzen Zentimeter größer ist als das Linke. Sie hatten wegen des rechten Ohrs sicher schon einige Unannehmlichkeiten im Leben. Frauen sind ja geradezu entsetzt beim Anblick eines Mannes mit ungleich großen Ohren.«

Novak blickte ihm die ganze Zeit über direkt in die Augen. Nein, es war nicht der richtige Herr Wood, sondern sein Bruder. Sie waren sich wirklich sehr ähnlich. Doch dieser hatte vorne einen großen goldenen Zahn, den Lindas Kollege nicht hatte.

Als Doktor Wald inne hielt, betrachtete sich Novak aufmerksam im Spiegel. Er kam sich vor wie ein Häufchen Elend. Und tatsächlich sah er Frankenstein ähnlicher als einem Menschen. Vorher hatte er gedacht, dass er eben ein durchschnittlicher Mensch sei und rein äußerlich überhaupt nicht aus der Masse hervortrat, jetzt blickte ihn jedoch ein unbekannter Fremder mit ungewöhnlich langer Nase, großer Glatze und weit abstehenden Ohren an.

»Nun, wenn wir alles in Ordnung bringen, kostet Sie das ungefähr fünfzehntausend Euro. Eine Kleinigkeit, oder? Die Untersuchung selbst kostet siebenhundertfünfzig Euro. Sie können gleich bar zahlen, obwohl ich bargeldlose Transaktionen vorziehe.«

Da klickte es. Es fiel Novak überhaupt nicht ein, warum er etwas zahlen sollte. Angewidert sagte er:

»Doktor Wald, ich bin Ihnen auf der Spur. Ihnen und Ihren Mitarbeitern! Sie haben einen Mord auf dem Gewissen! Das wird Sie wohl mehr als eine Million Euro kosten!«

Doktor Wald wurde blass.

»Ich hab schon an Ihrem Äußeren erkannt, dass Sie ein Krimineller sind! Was für Leute sich heutzutage auf der Welt herumtreiben! Henrik, bitte, entfernen Sie diesen Eindringling. Erpressen will er mich!« begann er in das Mikrofon an seinem Arztkittel zu rufen.

»Ich gehe schon, gleich, allein, mit der langen Nase, der großen Glatze und dem rechten abstehenden Ohr,« ärgerte sich Novak. »Nur eines verspreche ich Ihnen, dass ich alles daran setzen werde, Ihren verehrten Herrn Bruder zu erwischen und der Polizei zu übergeben.«

»Ich bin ein rechtschaffener Bürger Deutschlands. Mein Bruder interessiert mich überhaupt nicht. Schauen Sie, ich habe mich seinetwegen sogar umbenannt. Was er anstellt, geht mich überhaupt nichts an!« antwortete ihm der Arzt aufgebracht.

In diesem Moment öffnete sich die Tür. Novak erwartete, dass der Rezeptionist eintreten und ihn auf die Straße setzen würde, doch vor ihm stand – Doktor Wood!

»Worum geht es denn?« blickte er beide freundlich an. »Kann ich vielleicht behilflich sein?«

Novak wusste nicht mehr, wie ihm geschah. Der Schönheitschirurg wollte ihn aus der Klinik werfen, sein Bruder aber zerfloss beinahe vor Freundlichkeit.

»Beschäftige du dich mit ihm, dich kennt er. Ich werde mir mit ihm sicher nicht die Finger schmutzig machen!« sagte Wald zu Wood.

Doktor Wood deutete Novak freundlich, ihm zu folgen. Draußen in der Eingangshalle meinte er ruhig:

»Mein Herr, wir zwei treffen uns ja richtig oft. Ich weiß, dass Sie glauben, ich sei Lindas Geliebter, aber da irren Sie sich gewaltig. Ich habe überhaupt nichts mit ihr. Linda hat ein Kind mit Brian East und das ist für mich etwas Heiliges. Nie ist mir auch nur im Entferntesten eingefallen, mich zwischen die beiden zu stellen. Wenn Sie aber ein Bild vom kleinen Brian suchen – ja, er heißt genauso wie sein Vater und sein Großvater – dann kann ich Ihnen nur das eine sagen, nämlich, dass Sie es hier nicht finden werden. Auch Linda wird es Ihnen nicht geben. Ich bitte Sie, uns in Ruhe zu lassen. Wir würden auch in Zukunft gerne unseren Geschäften nachgehen.« Er sprach ruhig und langsam. Novak störte es, dass er am Ende so stark das Wort »Geschäfte« betonte.

»Und was ist mit dem hippokratischen Eid?« griff Novak nach dem letzten rettenden Strohhalm.

»Wovon sprechen Sie, mein Lieber?!«

»Na davon, dass ein Arzt jedem helfen muss, unabhängig von Bezahlung und anderen Gegebenheiten. Und... Und...« Novak nahm allen Mut zusammen und griff direkt an: »Und dass Hippokrates schon im dritten Jahrhundert vor unserer Zeitrechnung geschrieben hatte, dass ein Arzt dem Menschen nicht nach dem Leben trachten darf!«

»Der Eid des Hippokrates stammt aus dem vierten Jahrhundert vor unserer Zeitrechnung, mein Lieber! Wie jeder Arzt kann auch ich ihn auswendig. Na, ich trage Ihnen die wichtigsten Gedanken vor... Ich schwöre bei Apollo und allen Göttern und Göttinnen, dass ich nach bestem Wissen und Gewissen, gemäß meiner Standesehre handeln werde. Wie einen Vater werde ich den Mann lieben, der mich in dieser Kunst unterwies. Ich werde mit ihm leben und wenn es sein muss, mein Hab und Gut mit ihm teilen. Ich werde meinen Söhnen und den Lehrern meiner Söhne Anweisungen und Ratschläge erteilen. Alles, was ich meinen Patienten raten werde, wird zu ihren Vorteil sein. Niemandem werde ich ein tödliches Medikament verabreichen und niemals werde ich jemandem schaden. Auch werde ich keiner Frau ein Mittel zum Abort geben. In jedermanns Haus werde ich nur zum Nutzen des Patienten treten...«

»Sie haben wirklich ein gutes Gedächtnis. Am besten gefällt mir der Satz: »Niemandem werde ich ein tödliches Medikament verabreichen und niemals werde ich jemandem schaden.« Na, wie war denn das bei Ihrem wichtigsten Patienten Brian East? Er war doch, als man ihn in das Krankenhaus der heiligen Cäcilia überstellte, noch bei vollem Bewusstsein?« rief Novak geradeheraus.

»Wenn es Sie interessiert, so kann ich Ihnen sagen, dass er das Bewusstsein schon auf der Rennstrecke verloren hat. Wahrscheinlich wegen des Aufpralls beim Überschlag. Das Blutgerinnsel im Hirn war so groß, dass alle Ärzte sofort jede Hoffnung verloren haben. Was soll man machen, bei allen Sportarten passieren Unfälle!« Auch das sprach er ruhig aus, kalt, als ob Brian East gar nicht gestorben wäre.

Gerade diese Kälte beunruhigte Novak.

»Sein Leben lag doch in Ihren Händen. Konnten Sie ihm wirklich nicht mehr helfen?«

»Wenn sich jemand gewünscht hätte, ihm helfen zu können, dann war ich das!« Die Augen des Arztes blitzten auf. »Ich war nicht nur sein Leibarzt, wir waren auch gute Freunde. Wir hatten uns sogar ausgemacht, gemeinsam – natürlich jeder mit seiner Gefährtin – in Australien zu leben, auf seiner Farm. Auch sein Vater hat mich gern. Er hat mir sogar drei Hektar Land überschrieben, damit ich mir dort mein Heim errichte und fernab von dieser verrückten Welt leben kann. Glauben Sie, dass ich mich das ganze Leben mit Schönheitsoperationen beschäftigen will, wie mein Bruder?«

Er geleitete ihn bis zum Getränkeautomaten und schenkte ihm eine Erfrischung ein.

»Erfrischen Sie sich und kehren Sie dann nach Hause zurück! Linda hat mir erzählt, dass Sie zufällig auf ihren Sohn gestoßen sind. Ja, die beiden haben wirklich einen Sohn, doch er lebt in Australien bei seinem Großvater.«

»Und was wird jetzt aus Ihnen?« beruhigte sich Novak zum Schein. Er würde ihm auf andere Art und Weise ein Bein stellen. »Werden Sie jetzt in Australien leben? Auf Easts Anwesen?«

»Werde ich, warum auch nicht!« antwortete Doktor Wood unerwartet lebhaft.

Novak konnte noch immer nicht alles zu einer logischen Geschichte verbinden. Auch wenn er unschuldig sein sollte und jemand anders die Apparate abgeschaltet hatte, vielleicht die Nummer Zwei, der grüne Green oder sogar die Krankenschwester Linda, warum nimmt er all das wie ein Unbeteiligter auf?

»Trinken Sie ruhig aus, es wird Ihnen gut tun!«

Novak wollte gerade einen ersten Schluck des sprudelnden Getränks nehmen, als beim Rezeptionisten – es konnte doch gar nicht wahr sein und doch war es so! – Easts Witwe auftauchte. Sie trug ein langes schwarzes Kleid, auf dem Kopf einen großen Hut mit schwarzer Feder, in der Hand eine schwarze Tasche. Eine richtige Dame in Schwarz. Begleitet wurde sie vom selben Mann wie am Begräbnis.

»Auch das noch!« seufzte der Arzt und wies Novak an, er möge austrinken und gehen:

»Trinken Sie aus und gute Fahrt!«

Der Journalist stellte das Glas auf den Tisch und wartete ab, was passieren würde.

»Schön, dass ich Sie gleich hier treffe! Wissen Sie, ich würde gerne Brians Schulden begleichen. Er hat sich doch vor dem Rennen in Monza drei Tage lang bei Ihnen aufgehalten. Komisch, warum musste er nur diese brasilianische Narbe auf der Stirn entfernen lassen. Alle wussten, dass er sie hatte und er hätte ruhig mit ihr leben können.« Sie war in keinerlei Form von Trauer gehüllt. Nicht im Geringsten ähnelte sie der Frau beim Begräbnis am Hügel von San Victorio.

»Wissen Sie«, mischte sich Patrizias Begleiter ein, »nächste Woche findet die Nachlassverhandlung statt. Brian hat der geschätzten Frau Patrizia wirklich eine nicht unerhebliche Summe hinterlassen – auch Williams müsste das Gehalt für die gesamte Saison ausbezahlen – aber sie möchte trotz allem wissen, woran sie ist. Er hat doch bei Ihnen keine größeren Unkosten verursacht? Aber, ich habe mich noch überhaupt nicht vorgestellt: William Bruck, Anwalt der geschätzten Frau Patrizia East! Bitte sehr, hier meine Karte. Und wo können wir die Operationskosten begleichen? Für alle Fälle, weil wir nicht wissen, wie die Zahlungsgewohnheiten in Deutschland sind, haben wir auch etwas Bargeld bei uns.«

»Bezahlen werden Sie meinem Bruder, Doktor Wald. Ja, er heißt Wald, ich Wood. Im Grunde genommen bedeutet es dasselbe. Mein Bruder Walter beschäftigt sich mit Schönheitsoperationen. Treten Sie nur ein und Sie werden in fünf Minuten alles erledigt haben. Ich denke, dass die Rechnung nicht hoch sein wird.«

Schon bewegten sie sich auf das Zimmer zu, aus dem man kurz zuvor Novak hinausgeworfen hatte, als sich Frau Patrizia umdrehte und zwischen den Zähnen hervorpreßte:

»Hat er sehr gelitten – mein Brian?«

Novak, der gerade den Rest des sprudelnden Getränkes austrinken wollte, verschluckte sich heftig. Diese Möglichkeit hatte er nicht bedacht! Die Nummer Zwei ist vielleicht wirklich unschuldig, genauso wie Green und das M-Mädchen, aber Patrizia und Doktor Wood hatten eine Abmachung getroffen! Vielleicht war für Easts Frau die Schönheitsoperation nur ein Vorwand und sie kam, um ihre Rechnung zu begleichen. Aber was war das dann für eine Nachricht, die sie gefaxt hatten, in der stand, dass alles in Ordnung sei?

»Nun, auf Wiedersehen, mein Herr. Und passen Sie das nächste Mal auf, wohin Sie fahren. Schon am Anfang der Straße ist dreimal ausgeschildert, dass sie zur Privatklinik führt.« Doktor Wood gab Novak freundlich die Hand und deutete dem Rezeptionisten, er möge ihn zum Auto begleiten.

Aber Novak ließ sich nicht so leicht vertreiben. Er trat aus der Klinik, schritt zum Auto, doch dort tat er so, als ob es nicht anspringen wolle. Er öffnete die Motorhaube und zog das Kabel von der Zündkerze ab.

»Kann ich Ihnen helfen, mein Herr?« meldete sich der Rezeptionist hinter seinem Rücken.

»Ach, es geht schon... Sieht so aus, als ob mit den Kabeln etwas nicht stimmen würde.«

Er hatte keine fünf Minuten in den Eingeweiden seines Golfs herumgekramt, als der Rezeptionist zurückkam und sagte:

»In fünfzehn Minuten ist der Abschleppdienst hier. Er wird Ihr Auto in die nächste Werkstatt bringen. Setzen Sie sich ruhig in Ihr Auto und warten Sie so lange. Und seien Sie unbesorgt, den Abtransport zahlt Doktor Wald.«

Novaks Blick verfinsterte sich. Etwas ist hier gewaltig faul. Die Gebrüder Wood hatten zwei große Fehler gemacht. Wood hatte ihm die ganze Zeit über zu trinken angeboten, sich aber selbst nichts eingeschenkt... Wollte er ihm Schlafmittel oder sogar Gift geben? Wald hatte ihn kurz zuvor unfreundlich aus der Ordination geworfen, jetzt würde er sogar für den Abschleppdienst zahlen. Beide wünschen sich also das Gleiche, nämlich, ihn möglichst schnell loszuwerden.

Was Easts Witwe betrifft, so wird die Angelegenheit auch von Minute zu Minute klarer. Wenn sie gleich wieder aus der Klinik kommt, war sie vielleicht wirklich nur hier, um die Rechnung zu begleichen, welche auch immer – für die Schönheitsoperation oder sogar für den Mord – wenn sie jedoch in zehn, fünfzehn Minuten nicht auftaucht, sind alle enger miteinander verbunden, als es scheint.

Patrizia trat gemeinsam mit ihrem Anwalt fünf Minuten später aus dem Gebäude.

»Ich muss zugeben, es war nicht einmal so teuer. Zweitausendfünfhundert Euro sind ja geradezu eine Kleinigkeit,« lächelte Anwalt Bruck in Richtung Easts Witwe. »Was für ein Glück, dass du die Scheidung nicht unterschrieben hast, geschätzte Patrizia. Hättest du in die Scheidung eingewilligt, stündest du jetzt mit leeren Händen da, aber so bist du eine der reichsten Frauen der Welt.«

Als sie an ihm vorbei gingen, hob Novak den Kopf und sagte deutlich:

»Sie vergessen, dass Brian mit Linda einen Sohn hatte!«

Beide gingen weiter, als ob sie ihn nicht gehört hätten.

»Frau East, das Geld wird nicht nur Ihnen gehören!« rief ihnen Novak hinterher. »Ihr Mann hat mit Linda einen sechs Jahre alten Sohn! Wenn Sie mir nicht glauben, fragen Sie Doktor Wood!«

Beide drehten sich erst nach einigen Schritten um, als ob sie erst beim zweiten Mal den Sinn der Worte erkannt hätten. »Ja, Brian hat einen Sohn!«

»Wer ist denn dieser – Clochard?!« schnaubte Frau Patrizia hochnäsig in Richtung des Journalisten.

»Darf ich Ihren werten Namen erfahren?«

»Lass' ihn in Ruhe, du siehst doch, dass er nicht zurechnungsfähig ist. Ich wusste nicht, dass sie hier auch psychisch Kranke betreuen.«

»Wovon reden Sie, mein Herr?« überlegte es sich Patrizias Anwalt. Es schien, als wollte er keine Möglichkeit außer Acht lassen.

Novak erklärte ihm in wenigen Sätzen, wie er Lindas Kind entdeckt hatte, den kleinen Brian.

»Verdammt, ich werde ihr das Gesicht zerkratzen. Sie soll hässlicher sein als die hässlichste Hexe der Welt!« geriet Patrizia in Rage. »Und du Brian, sei verflucht, wo auch immer du bist, im Himmel oder in der Hölle! Was für eine Schande hast du mir angetan, was für eine Schande, selbst nach dem Tod!«

Der Anwalt nahm Patrizia in den Arm und drückte sie an die Brust.

»Alles wird gut, Patrizia, alles wird gut. Sie sind nicht allein auf dieser Welt. Ich werde bei Ihnen sein, wo auch immer Sie sind. Bis zum Lebensende werde ich Ihnen zur Seite stehen. Für ein paar

Monate, solange jedenfalls, bis Gras über die Sache gewachsen ist, werden wir in ein exotisches Land gehen und der Schmerz wird nachlassen. Letztendlich, selbst wenn Brian wirklich einen Sohn hatte, steht Ihnen immer noch die Hälfte seines Vermögens zu. Wenn wir es gut anlegen, können wir bis zu unserem Lebensabend anständig leben...«

»Oh, mein edler William!« umklammerte sie heftig seinen Hals. Vor Novak spielte sich eine Liebesszene wie aus einem Film ab.

»Und, wo meinen Sie, ist dieser – Sohn?« war der Anwalt sofort wieder ganz bei der Sache, als er sich aus der innigen Umarmung Patrizias wand.

»In Australien, bei seinem Großvater.«

»Nun gut. Jetzt ist sowieso bald Winter und dort Sommer. Auf irgendeiner einsamen Insel werden wir uns ein Apartment für ein paar Monate mieten, inzwischen werde ich die letzten rechtlichen Angelegenheiten klären. Patrizia, du hast mir immer erzählt, wie gerne du in das Land der Kängurus möchtest...«

»Aber vorher muss ich mich noch an diesem verdammten Straßenmädchen rächen!« Patrizia hob die geballte Faust zum Himmel. »Nicht genug, dass sie meinen Mann verführt hat, auch ein Kind hat sie von ihm bekommen. Oh, das wird sie teuer zu stehen kommen!«

Wütend eilte sie zurück zum Rezeptionisten und verlangte nach Doktor Wood. Zu Novaks Glück wollte der Rezeptionist sie nicht mehr in das Innere des Schlosses lassen, weshalb sich auch der nächste Akt des Schauspiels direkt vor seinen Augen abspielte.

»Frau Patrizia, leider kann ich Ihnen überhaupt nicht behilflich sein...« antwortete Doktor Wood auf ihr Schreien heuchlerisch. »Meinen Bruder haben Sie bezahlt, weitere Kosten gibt es nicht, und wo sich Fräulein Linda aufhält, weiß ich zurzeit nicht...«

Novak hatte den Verdacht, dass Linda sich im Schloss befand. Von hier war ja das Fax gekommen. Und wer hätte es ihm schicken können, wenn nicht sie! Na ja, vielleicht auch der Bruder, jedoch – wenn es stimmte, was er gesehen und gehört hatte – beschäftigte sich Doktor Wald mit anderen Dingen. Falls es stimmte...

»Was für ein Fräulein!« begann Patrizia noch lauter zu schreien. »Jedes noch so schmutzige Straßenmädchen ist besser als sie! Oh, was für eine Schande! Mit Gewalt hat sie ihn ins Bett geschleppt. Brian musste ihr dienen. Ich werde sie umbringen, umbringen!«

In diesem Moment öffnete sich hoch oben im linken Turm des Schlosses ein kleines Fenster. Heraus blickte – Linda!

»Beruhigen Sie sich, Patrizia!« rief sie mit ungewöhnlich großer Selbstzufriedenheit. »Sie haben Brian doch sowieso nie geliebt, deshalb hat Ihnen sein Tod überhaupt nichts bedeutet. Interessiert hat Sie nur, wie viel Geld er Ihnen hinterlassen wird. Aber ich kann Ihnen versichern, dass Sie nicht viel herausholen werden...«

»Du wirst mir erzählen, was mir Brian bedeutet hat!« sah Patrizia rot. »Die ganze Zeit über habe ich gespürt, dass du in der Nähe warst. Deshalb wolltet ihr mich auch so schnell loswerden. Aber ich bin eine Dame, Easts Witwe! Zur Seite steht mir einer der besten monegassischen Anwälte! Mir geht es nicht ums Geld, aber dir sei versichert, nicht einen müden Cent wirst du bekommen! Der Sohn, wenn du ihn wirklich in die Welt gesetzt hast, ist sowieso noch minderjährig. Ich persönlich werde entscheiden, wie viel wer wann bekommen wird! Sei verflucht, du Hure!«

Diese Beleidigung traf Linda so sehr, dass auch sie plötzlich ihre Stimme erhob und – Novak traute seinen Ohren kaum – schrie:

»Kreische nur und beleidige anständige Leute! Aber es ist umsonst... Brian gehört mir, nur mir!«

Der Anwalt und Novak blickten einander verwundert an. Trübte sich etwa Lindas Geist?

»Ja, mir gehörte er die letzten sieben Jahre, schon vom ersten Rennen in Hockenheim an! Und mir wird er bis zum Lebensende gehören!«

Sie wurde wahnsinnig, die Ärmste!

Der Anwalt trat zu Patrizia und legte seine Hände vorsichtig auf ihre Schultern.

»Lass sie, Patrizia! Siehst du nicht, dass sie psychisch krank ist? Wir zwei werden vor Gericht schon Recht bekommen. Für alle Beleidigungen, die sie gesagt hat, werden wir sie verklagen. Dieser Herr mit dem Golf wird uns als Zeuge dienen. Wir werden sie auch auf seelischen Schaden verklagen. Sie kann nicht einfach so behaupten, dass dein toter Mann bis ans Lebensende ihr gehören wird. Sie hat alle Grenzen des guten Geschmacks übertreten!«

»Lass mich!« verstand Patrizia den gut gemeinten Rat des Anwalts falsch. »Ich schäme mich, schrecklich schäme ich mich, dass ich ihm so viele Tage nachgeweint habe und er nur ein gewöhnlicher Schwindler, Schuft, Betrüger war!« Sie brach in krampfartiges Weinen aus.

»Mit Brian ist schon alles in Ordnung…« rief Linda vom Fenster herab. »Nur mit dir war es das nie. Du hast in ihm nur den reichen Erben gesehen. Er hat mir alles erzählt. Schon in der ersten Nacht in Monaco, gleich nach dem Rennen, hast du ihn ins Bett geschleift. Weil dich der Geruch des Geldes so lockte! Oh, armer Brian!«

»William, bring sie zum Schweigen, bitte, dieses verdammte Weib! Sie ist es nicht wert, dass sie seinen Namen ausspricht!«

»Lass sie, sie ist verrückt!« wollte Anwalt Bruck Patrizia beruhigen.

»Ja, ich bin verrückt! So verrückt, dass ich Deutschland für immer verlassen werde und bis ans Ende meiner Tage mit Brian zusammen leben werde!«

Alle waren wie geschockt. Sie will doch nicht etwa Selbstmord begehen?

»Ich bitte Sie, springen Sie nicht runter, es ist gefährlich!« bat der Rezeptionist sanft und lief ins Innere des Schlosses.

»Oh, das wäre kein Schaden!« rief Patrizia verachtend aus. »Aber zum Selbstmord braucht man etwas Mut. Du bist aber ein Häufchen Elend, das einen verheirateten Mann ins Bett gelockt hat. Solche Schwächlinge springen nicht aus Fenstern.«

»Nein, solche springen nicht!« begann Linda unnatürlich zu lachen. »Sie haben recht, Patrizia, solche springen nicht!« Sie wartete ganze zehn, fünfzehn Sekunden und rief dann mit voller Stimme, dass sogar Taube sie hören konnten: »Ich springe nicht, weil ich noch diesen Monat Brian heiraten werde.«

Sie ist wirklich verrückt, total verrückt. Novak und der Anwalt wurden bleicht.

»Ach wirklich? Am Hügel von San Victorio?« zischte Patrizia.

»Nein, dort sicher nicht. Aber in Sydney! Und nur damit ihr es wisst, die Hochzeit hat er mir selbst vorgeschlagen!«

»W-wie? Ich ver-verstehe nicht!« ging es dem Anwalt durch Mark und Bein. Novak dachte, er würde spinnen.

»Ja, Brian lebt und ist gesund! Nach dem Unfall ist er schnell wieder genesen. Und gestern ist er mit dem Flugzeug nach Australien abgereist. Nur damit Sie es wissen!«

»Linda!« riefen zwei von hinten, packten sie am Gürtel und zogen sie vom Fenster fort.

Patrizia fiel in sich zusammen wie ein Kartenhaus.

»Brian... Brian... Mein Brian...«

Novak kombinierte blitzschnell, was er alles über Brian East wusste und erfahren hatte. Ja, auch das war eine Möglichkeit. Er hatte eine große Überschrift vor Augen: »ICH MÖCHTE MICH MÖGLICHST SCHNELL VOM RENNSPORT VERABSCHIEDEN.« Er hatte es schon die ganze Zeit vor. Deshalb hatte er auch den Vertrag mit Williams nicht verlängert.

Der Vertrag hatte ihn nur noch bis Saisonende gebunden. Er hätte sich nach dem Rennen in Adelaide verabschieden können. Als aber in Monza dieser unvorhergesehene Unfall geschah, und weil Doktor Wood Easts Wünsche sehr genau kannte, haben sie so getan, als wäre er gestorben .Aber Brian East war gar nicht im Sarg gewesen, man hatte nur einen beladenen Sarg ohne Leiche begraben. Seine Frau hatte ihn nie tot gesehen, sie war davon überzeugt, dass er wirklich gestorben war. Dass East in Wirklichkeit nicht tot war, wussten nur Doktor Wood und die Krankenschwester Linda. Der Erste hatte ihm geholfen, weil er sein Freund war, die Zweite, weil sie so einfacher ein neues und zurückgezogenes Leben beginnen konnten. Viele Tausend Menschen auf der ganzen Welt haben sich völlig zurückgezogen. Einige nach vorgetäuschten Unfällen, andere haben einfach nur Vor- und Nachnamen geändert, einige waren so weit weggezogen, dass sich jegliche Spur verlor.

Die Geschichte war beinahe komplett. Weder die Nummer Zwei, noch der grüne Mann von Greenpeace, noch irgendwelche anderen Ganoven waren in die Sache verwickelt.

»Ist es wirklich wahr, dass Brian East lebt?« besann sich Novak als Erster. Wenn es stimmte, so könnte er es als erster in seiner Reportage aufdecken. Aber er brauchte einen Beweis, ansonsten würden die Menschen denken, dass er selbst nicht ganz dicht sei. Er betrat das Schloss und verlangte von Woods Bruder eine Antwort.

»Ich weiß nichts, ich weiß überhaupt nichts,« antwortete ihm dieser unwillig.

»Nun gut, wir werden die Sache der Polizei melden und Interpol soll herausfinden, ob darin ein Körnchen Wahrheit steckt,« entschied Patrizias Anwalt Bruck schlussendlich. »Zurzeit können wir so oder so nicht handeln.« Er führte die am Boden zerstörte Patrizia zu seinem Auto und setzte sie hinein wie einen Sack Mehl. Die ganze Zeit über schluchzte sie laut. Sie war total niedergeschmettert.

»Könnten Sie vielleicht einen oder zwei Tage warten...« sprang Novak zu den beiden. Er hatte es sehr eilig, denn gerade in diesem Moment traf der Abschleppdienst ein. »Ich würde gerne selbst überprüfen, was wahr ist und was nicht... Wissen Sie, ich bin Privatdetektiv und erforsche alles auf eigene Faust... Ihnen wird es überhaupt nichts nützen, wenn Sie es schon heute der Polizei sagen, mir hilft es aber ungemein, wenn Sie es nicht tun. Wissen Sie, ich bin auch Journalist und werde voraussichtlich ein Buch über den ungewöhnlichen sportlichen Werdegang des Brian East schreiben. Das wird garantiert ein weltweiter Bestseller!«

»Hoppla, mein Herr!« stoppte ihn der Anwalt. »Wenn Sie ein Buch herausgeben, dann bekommen wir die Hälfte der Autorenrechte! Sie können doch nicht über den Mann meiner Mandantin schreiben, ohne dass sie dem zustimmt.«

»Siebzig Prozent!« fauchte Patrizia East. Offensichtlich kam sie wieder zu sich.

»Sechzig!«

»Fünfundsiebzig! Man wird es in alle Sprachen der Welt übersetzen!«

»Wissen Sie, wie wir uns einigen werden?! Sie beide schweigen jetzt während ich in Ruhe herausfinden werde, was wirklich mit Brian geschehen ist. Bevor ich das Buch irgendwo verlegen lasse, werde ich Sie anrufen und wir werden einen Vertrag unterzeichnen, mit dem beide Seiten zufrieden sind. Geben Sie mir nur Ihre Visitenkarte und wir machen es so. Passt das?«

Zuerst gab ihm der Anwalt die Hand, dann auch noch Patrizia.

»Wenn Sie sich einmal wieder in Monaco aufhalten sollten, besuchen Sie uns ruhig,« hauchte Frau East. »Sie sind ja so sympathisch!« Mark vergaß in diesem Moment, dass er eine zu lange Nase, eine Glatze und abstehende Ohren hatte. Sie verabschiedeten sich wie Freunde.

»Einen Moment, vielleicht wird er doch noch anspringen, mein kleiner Golf,« sagte er zum Abschleppdienst, der sein Auto am liebsten gleich mitgenommen hätte. »Ich glaube, ich weiß, wo der Fehler liegt. Wer weiß, wie das passieren konnte, aber es sieht so aus, als ob sich das Kabel von den Zündkerzen gelöst hätte.«

In der nächsten Sekunde hatte er die beiden Kabel wieder auf die Zündkerzen gesteckt und brauste in Richtung Schranken davon. Aber der war geschlossen. Schöne Bescherung!

Noch merkwürdiger war, dass ihm sofort drei Autos nachjagten: Zuerst der Abschleppwagen, der Novak offensichtlich – Gott weiß wieso – gerne einfangen wollte, das Auto des Anwalts raste hinterher, als ob er sich beeilen wollte, die beunruhigende Nachricht an die Presse zu verkaufen, dem Anwalt und Patrizia jagte der Volvo mit Doktor Wood hinterher. Es sah wilder aus, als bei einem richtigen Rennen.

Novak überlegte keine Sekunde. In voller Fahrt fuhr er am Schranken vorbei. Fast wäre er in die Fichte gekracht, doch Gott sei Dank war sein Golf schmal genug, sodass er nur mit ein paar Schrammen an der Fahrertür davonkam. Dann krachte es. Das Abschleppauto blieb zwischen der Schrankenstütze und der Fichte hängen, die beiden nachfolgenden Autos fuhren wahrscheinlich auf. Novak hatte keine Zeit, sich davon zu überzeugen. Er gab Gas und brauste in Richtung Heimat davon.

Brian East lebt also! Schön! Wenn es stimmte, wäre das eine einmalige Sensation, eine Sensation, wie es sie noch nie gegeben hatte. Er musste sich mit dem Buch überaus beeilen. Könnte ihm vielleicht jemand zuvor kommen? Linda und Wood würden East wohl nicht verraten. Patrizia und ihr Anwalt wahrscheinlich auch nicht. Aber warum war der Schranken geschlossen gewesen? Wollte man ihn am Ende töten?

»Was ist mit Doktor Wood? Was wird aus ihm?« Er hat doch trotz allem ein Verbrechen begangen. Sicherlich hat er Easts Totenschein unterschrieben. Oder haben sie im Krankenhaus der heiligen Cäcilia einen eigenen Leichenbeschauer? Vielleicht haben sie jemanden bestochen? Auch das wird noch aufzuklären sein. Ganz sicher aber wird der, der den Totenschein unterschrieben hat, ohne sich davon zu überzeugen, ob East wirklich tot war, bestraft werden... Den Fall aufklären kann als Erster er, Mark Novak. Wenn das nicht richtiges G.I.F.T. ist!

V.
Auf der einsamen Farm

Wer nach Australien gehen wird • Die Auswanderer treten telefonisch in Verbindung • Brian ist nirgendwo zu finden • Väter haben keine Ahnung vom Spielzeug der Kinder • Das Zusammenleben von Schafen und Kängurus • Man trachtet Novak nach dem Leben • Der Journalist trifft auf ein Känguru

Die Redaktion schlug einen strengen Sparkurs ein. Niemand durfte auf Redaktionskosten mehr als eine inländische Zeitung beziehen, im Außendienst nur mehr bis an festgelegte Orte im Umkreis von fünfzig km fahren, und pro Jahr wurden einem zwei Packungen Papier für den Drucker zugeteilt. Eine echte Katastrophe!

Novak war wie vom Donner gerührt. In der Redaktionssitzung hatte er nämlich vorgeschlagen, dass man ihn für drei Wochen nach Australien schicken soll.

»Hast du etwa auf der Europareise den Verstand verloren!?« stoppte ihn sein Vorgesetzter – sein Kollege Max. »So einen Reiseantrag unterschreibt dir nicht einmal der liebe Gott, wie erst unser Boss.«

»Aber bei mir geht es um eine lebenswichtige Angelegenheit!« ließ er sich nicht so einfach abwimmeln. »Außerdem bin ich noch nie aus Europa herausgekommen, obwohl ihr mir, seit ich Sonderkorrespondent bin, immer wieder versprochen habt, dass ich frei sein werde wie ein Vogel und Reportagen dort machen werde, wohin andere noch keinen Fuß gesetzt haben. Und das wäre zum Beispiel – Australien!«

»Das wird dir nicht gelingen,« antwortete ihm Mihelic. »Schau, ich verfolge alles, was mit dem Autorennsport zu tun hat, schon seit fünfzehn Jahren, aber in Australien bin auch ich noch nie gewesen.«

»Ich schlage vor, dass wir gemeinsam dorthin fliegen!« meldete sich Novak erneut mit einem Vorschlag. »Jeder für zehn Tage.«

»Nun, das wäre natürlich was!« stimmte ihm Mihelic zu. »Eigentlich wäre es ganz gut, dass wir uns zu zweit in diese unfreundliche australische Wildnis aufmachen. So könnte einer auf den anderen Acht geben.«

»Schlagt euch Australien aus dem Kopf, wir werden darüber kein Wort mehr verlieren!« beendete Kollege Max die Redaktionssitzung.

Niko Mihelic strich sich über seinen berühmten schwarzen Bart und ging Tee trinken. Er stritt sich mit niemandem gerne und schon gar nicht mit seinem Vorgesetzten.

Novak aber spornte die Niederlage umso mehr an. Er begann, nach seiner alten Regel zu handeln: Wenn dir in der Arbeit derjenige die Tür zeigt, der knapp über dir ist, wird dich möglicherweise sein Vorgesetzter empfangen. Und wenn auch dieser dich zusammenstaucht, dann wende dich an den Obersten – an den Intendanten.

Er ging sofort zum Intendanten. Dieser hörte ihm aufmerksam zu und sagte am Ende nur:

»Ich habe schon von Ihren Reportagen gehört. Mir kommt vor, dass ich eine sogar einmal vom Anfang bis zum Ende gehört habe. Ihre Berichte sind nicht schlecht. Im Moment aber ist die Lage in unserem Haus leider so, dass Sie nur unsere ausgewanderten Landsleute in Hintertupfing besuchen können, selbstverständlich nur, wenn jemand die alte Heimat besuchen kommt.« Novak, der Sonderkorrespondent, gab nämlich vor, die Beziehungen der australischen Auswanderer zu ihrer Heimat in Erfahrung bringen zu wollen.

Novak blieb daher nichts anderes übrig, als die Wahrheit zu sagen. »Es handelt sich um einen Kriminalfall. Ich bin einer Weltsensation auf der Spur. Wenn es mir gelingt, sie aufzudecken, dann wird unser Sender im Rampenlicht stehen. Und sicherlich werden Sie dann, da Sie so fähige Journalisten beschäftigen, weltweit Interviews geben.«

Das hat eingeschlagen! Der Intendant tat sich gerne hervor, da er nebenbei in seiner Freizeit Kriminalromane schrieb, doch kein Verlag wollte sie veröffentlichen.

»Gut, in Ordnung! Ich zahle Ihnen die Flugtickets nach Sydney und zurück.« Der Boss sprach immer in der ersten Person, als ob er alles aus eigener Tasche zahlen würde. »Um den Rest müssen Sie sich selbst kümmern. Wenn ich mich nicht irre, dann findet in Australien gerade die Weltkonferenz über Kängurus statt. Sie werden für alle wichtigen Informationssendungen Sonderberichte über die Erhaltung dieser Tierart machen. In Ordnung?«

»In Ordnung!«

Als Mihelic davon erfuhr, knirschte er so sehr mit den Zähnen, dass die obere Zwei gefährlich wackelte. Er war jedoch Manns genug, dass er Novak trotzdem zwei Adressen gab: Die eines Verwandten namens Jankovic, einem Auswanderer, und die Adresse, an der angeblich Easts Eltern lebten.

Novak nahm sich seinen ganzen Resturlaub und vereinbarte auch noch, dass er unbezahlten Urlaub nehmen würde, wenn er in vierzehn Tagen nicht zurück sein sollte. Auch er musste äußerst sparsam mit seinem Geld umgehen. Schon in Europa hatte er genug Geld beim Fenster hinaus geworfen, das er Mihelic noch zurückzahlen musste.

Weil er sein Auto in die Lackiererei gebracht hatte, damit die Kratzer aus dem Schwarzwald entfernt würden, bat er seinen Kollegen Maks, ihn nach Wien zu fahren. Von dort waren es bis

Sydney fünfundzwanzig Stunden. Das Flugzeug machte nur zwei Zwischenlandungen. Den ersten Zwischenstopp verschlief er, über den zweiten wusste er nur, dass dieser in Singapur gewesen war. Am Ende fand er sich in Australien wieder. Der Flughafen war mindestens zehnmal größer als der Flughafen Brnik in seiner Heimat. Er kam sich vor wie in einer regelrechten Flughafenstadt. Es gab so viele Landebahnen, dass er sie gar nicht alle zählen konnte, seitlich standen dutzende Flughafengebäude, auf den Zwischenbahnen fuhren Flugzeuge hin und her wie Vögel, die sich im Nebel nicht zu fliegen trauten.

Als er aus dem Flughafengebäude heraus trat, wehte ein heißer Sommerwind. Natürlich, in Wien war es fast schon Winter gewesen und hier befanden sie sich an der Schwelle zum Sommer. Das Rennen in Adelaide fand immer knapp vor der allergrößten Hitze statt.

Obwohl an ihm Menschen von allen Kontinenten und mit verschiedenen Hautfarben vorbei eilten, fühlte er sich doch allein und verloren, so sehr, dass er am liebsten geweint hätte. Er war nicht nur das erste Mal in Australien, auch kannte er hier niemanden. Das einzige, was er in der Tasche hatte, war die Adresse seines Landsmannes Jankovic, mehr nicht.

Als er Jankovic das erste Mal anrief, meldete sich das Dienstmädchen. Sie behauptete, dass am anderen Ende der Leitung kein Jankovic wohne. Er glaubte, dass ihn der Schlag treffen würde. Dann kann er ja gleich umdrehen und wieder nach Hause fliegen. Die Konferenz über die Kängurus interessierte ihn nicht wirklich.

Er rief noch einmal an. Das zweite Mal meldete sich die Tochter von Jankovic. Sie sagte, dass ihr Vater bald zurückkommen würde. Er sei auf einen Kaffee zu seinem Freund gefahren – der zweihundert Kilometer von ihrem Bergwerk entfernt wohnte. Die Jankovics waren nämlich Eigentümer einer Opalmine. In Australien gab es mehrere tausend Minen, in denen nach wertvollen Steinen gegraben wurde.

»Jeden zweiten Samstag fährt er zu seinem Freund, um mit ihm Kaffee zu trinken. Sie müssen unbedingt zu uns kommen, wir haben für jeden Reisenden ein Bett und auch ein Frühstück übrig.«

Novak lieh sich bei einem in der Nähe liegenden Autoverleih einen Jeep aus und machte sich auf den staubigen Straßen zum Bergwerk Janal auf. Jan-kovic Op-al. So hieß auch der Ort, der gute dreihundertfünfzig Kilometer nördlich von Sydney lag.

Es war unerträglich heiß. Novak war sich sicher, dass er auf halbem Wege sterben würde. In den Jeep drang so trockene Hitze ein, dass ihm der Schweiß aus jeder Pore seines Körpers brach. Obendrein entging man dem Staub auf der Straße nicht. Dieser legte sich auf sein Gesicht, bohrte sich unter seine Haut, er fühlte ihn bis tief in seinen Hals hinunter.

»Ich werde so enden, wie diese Kängurus,« bekam er es mit der Angst zu tun. Auf der Straße lagen nämlich unzählige überfahrene Kängurus, sogar mehr als es in Europa Katzen gab. Die Konferenz war also äußerst notwendig.

Endlich hatte er die Ansiedlung Janal erreicht. Es handelte sich genau genommen um eine kleine Bergwerkssiedlung, in der alle Einwohner Opal für die Firma der Jankovics abbauten. Es waren um die zwanzig, vielleicht fünfundzwanzig Holzbaracken aufgestellt. Alle Hügel um die Siedlung herum waren der Länge nach und quer aufgegraben, in der Mitte der Ortschaft aber stand ein etwas größeres, gemauertes Haus. Es gehörte der Familie Jankovic.

»Herzlich willkommen bei uns!« begrüßte ihn bereits an der Türschwelle ein Mann mittleren Alters, braungebrannt wie ein Einheimischer. Novak hatte den Eindruck, dass Jankovic im Gesicht keine Haut mehr hatte, sondern hartgegerbtes Leder. »Heuer sind Sie schon der dritte Reisende, der hier durchkommt. Nun, Geschäftskontakte zählen natürlich nicht. Kommen Sie nur herein, ich werde Ihnen gleich zeigen, wo Sie übernachten können! Wenn

Sie den Einheimischen nicht schaden, dann können Sie einem alten australischen Brauch nach so lange bleiben, bis Sie ausgeruht sind. Es können auch drei, fünf, zehn Tage sein. Ich rate Ihnen jedoch, trotzdem bald weiterzureisen, denn die wirklich große Hitzewelle kommt erst...«

Novak erklärte ihm, dass er zu ihm gekommen sei – wie schon zehn Journalisten zuvor – um mit ihm ein Interview über die Gewinnung des wertvollen Gesteins zu machen, darüber hinaus interessiere ihn auch die Familie East, die hier irgendwo in der Nähe lebte.

»Ja, ich kenne die Easts sehr gut!« breitete sich ein Lächeln über das Gesicht seines Landsmannes aus. »Er ist ein guter Nachbar. Seine Vorfahren kamen aus Irland, aus dem östlichen Teil. Alle sind verrückt nach Autos. Warten Sie, ich glaube, sein Sohn fährt irgendwo Rennen. Letztes Jahr hat er sogar in Adelaide gewonnen. Brian hat mir gesagt, dass sein Sohn einen Meistertitel hat oder so. Mich interessieren Autos nicht besonders, die Hauptsache für mich ist, dass ein Auto fährt. Wissen Sie, der Mensch darf sich im Leben, wenn er Erfolg haben will, nur einer Sache widmen. Sonst macht er nur halbe Sachen.«

Er zeigte ihm das Familienalbum. Nach Australien war sein Großvater ausgewandert. Einige Jahre lebte er in einer Strafkolonie im Westen des siebten Kontinents, danach hatte er sich immerhin so viel Geld erarbeitet, dass er sich ein eigenes Stück Land kaufen konnte. Beabsichtigt hatte er, Schafe zu züchten, doch beim Graben des Fundaments für die Baracke fand er ein funkelndes Steinchen. Er verriet niemandem, was unter seinem Grundstück verborgen lag, nahm kurzerhand einen Kredit auf und kaufte weitere fünfzig Hektar um seinen Besitz herum. Und wirklich! Er hatte unheimliches Glück: Es gab ein so großes Opalvorkommen, dass er schon nach fünf Jahren all seine Schulden abbezahlt hatte und auf seinem Besitz entstand auch ein richtiges Barackenstädtchen. Sein Sohn wurde bereits hier geboren, in Janal. Der Großvater wurde unglücklicherweise genau an dem Tag verschüttet, an dem der jetzige Besitzer sieben Jahre alt wurde.

»Nun, das wird unsere Zuhörer aber interessieren,« war Novak mit dem Aufnahmematerial zufrieden. »Jetzt aber möchte ich Sie bitten, die Easts anzurufen. Ich möchte sie sehr gerne besuchen.«

»Gerne, gerne... Das Telefon ist unsere wertvollste Erfindung. Ohne Telefon könnten wir uns ein Leben in Australien nicht vorstellen. Besonders nicht ohne das allerneueste Modell. Auch ich habe es bereits erworben. Wissen Sie, dass ist ein Telefon für Freunde – gleich vier Nachbarn können damit gleichzeitig ein Gespräch führen.«

Er führte ihn in ein sehr kühles Zimmer und ließ ihn in einem großen hölzernen Schaukelstuhl Platz nehmen.

»Es geht folgendermaßen! Hier bin ich, hier sind Sie, dort stellen Sie sich Herrn East vor, dort Herrn Frank aus Kroppenstedt und dort sitzt Frau Amalia aus Märkisch Buchholz!«

Novak sah ihn verdutzt an: Er sah nur ihn und sich selbst.

»Langsam, langsam, ich muss erst die Verbindung herstellen!«

Zuerst rief er die nahegelegene Farm der Easts an, danach noch Frank und Amalia. Ein spezielles Gerät ermöglichte es, dass sich alle vier zugleich unterhalten konnten.

»Hallo, hier spricht Jankovic aus Janal! Ist die Verbindung gut?«

»Gut, gut. Ich sitz' gerade bei einer Tasse Tee,« erwiderte Herr East deutlich.

»Ich wollte dich gerade anrufen«, sagte Frank am anderen Ende der Leitung. »Weißt du, es ist so traurig, sich alleine ein Glas Wein einzuschenken. In Gesellschaft schmeckt der Wein dreimal besser.«

»Heute ist ein Tag wie gemacht zum Plaudern,« sprühte Amalia vor guter Laune. »Ich konnte es kaum erwarten, ein wenig zu tratschen.«

Es war ein wenig seltsam, aber dennoch nett: Sie waren weit voneinander entfernt, trotzdem tranken sie zusammen Tee, Wein und Saft und unterhielten sich angeregt.

»Heute sitzt bei mir ein Gast, Herr Novak aus Slowenien. Ein Journalist. Er sagt, dass er so etwas Angenehmes noch nicht erlebt hat. Wenn ihr wollt, dann kann ich in unserer Runde das Wort an ihn weitergeben.«

Alle begrüßten ihn freundlich, tauschten mit ihm Höflichkeiten aus und luden ihn kurzerhand ein, sie zu besuchen.

»Danke für Ihre Freundlichkeit, ich werde Ihrer Einladung sehr gerne nachkommen. Wie finde ich denn den Weg zu Ihnen, Herr East?«

»Nun, vielleicht möchten Sie vorher Herrn Frank und Frau Amalia besuchen…« meldete sich die Stimme am anderen Ende der Leitung plötzlich trocken und matt.

»Ihre Farm liegt am nächsten. Es sind nur hundertdreißig Kilometer zu Ihnen…«

»Wenn möglich, dann überspringen Sie mich besser,« antwortete er kühl. »Ich habe einige gesundheitliche Probleme.« Ein überaus freundlicher Mensch hatte sich von einem Moment zum anderen in einen unfreundlichen verwandelt.

»Spreche ich wirklich mit Herrn East?« ließ sich Novak nicht unterkriegen.

»Ja, hier spricht Brian East. Ich muss mich langsam verabschieden, die Schafe rufen nach mir.« Bei dem Namen Brian East lief Novak ein Schauer über seinen ganzen Körper. War dies der vierfache Weltmeister gewesen… oder aber sein Vater?

»Warten Sie bitte, warten Sie! Sind Sie Formel-1-Weltmeister gewesen?«

»Ja, ich war Weltmeister, aber das interessiert mich nicht mehr. Danke vielmals für das angenehme Gespräch. Wir sehen uns dann ein andermal!«

Man hörte ein Knacken in der Leitung und die Verbindung war abgebrochen.

»Ach, dann werden halt wir munter weiterplaudern,« meldete sich darauf Frau Amalia. »Die Easts sind halt Eigenbrötler.«

»Das Wetter wird umschwingen, wahrscheinlich reißt es ihn in seinen Knochen...« entschuldigte Jankovic Herrn East.

»Welcher Brian war es denn – der jüngere oder der ältere?«

»Ich glaube, es war der ältere... Vielleicht auch der jüngere... Warten Sie, ist nicht der Jüngere gerade jetzt irgendwo in Europa... Nein, nein, er muss schon zu Hause sein, denn es findet ja bald das Rennen in Adelaide statt... Letztes Mal hat mir der alte Brian erzählt, dass sein Sohn bereits zurückgekehrt ist. Vielleicht vorzeitig!«

Novak sprang auf und umarmte aus Freude spontan seinen Landsmann Jankovic: »Ich bin auf dem richtigen Weg, auf dem richtigen Weg!«

»Wie das, sind etwa auch Sie auf ein Opalvorkommen gestoßen?«

Novak schüttelte fröhlich den Kopf und bat seinen Landsmann, ihm zu erklären, wie man zur Farm der Easts gelänge, und machte sich darauf, trotz der unerträglichen Hitze draußen, und trotz des hereinbrechenden Abends, sofort auf den Weg.

»Bis zum ersten großen Baum fahren Sie geradeaus, wenn die asphaltierte Straße endet, biegen Sie nach rechts in Richtung Osten ab. Sie werden ungefähr zwei bis zweieinhalb Stunden unterwegs sein, biegen Sie dann bei einem einsamen roten Felsen wieder rechts ab und vor ihnen wird das große eingezäunte Anwesen der Familie East liegen. Sie können es nicht verfehlen.«

Während der Fahrt fing ihn die Nacht ein. Er bereute, dass er sich nicht überreden hatte lassen, bei den Jankovics zu übernachten.

Er hätte das Anwesen wirklich nicht verfehlen können, doch der Zugang zum Anwesen der Easts war versperrt und es war keine Menschenseele zu sehen. Nur die Schafe blökten irgendwo in der Ferne.

In der Nacht kühlte es gewöhnlicher weise ab. Der Temperatur nach hätte er auch daheim sein können. Zum Glück fand er im Jeep eine alte Decke. Er wickelte sich sorgfältig damit ein und legte sich auf die beiden vorderen Sitze. Er konnte sehr lange nicht einschlafen. In der Ferne heulte ein Hund. Novak schien es, als ob ihn das Tier auf eine versteckte Gefahr aufmerksam machen wollte.

Die Sterne am Himmel leuchteten außergewöhnlich hell und schienen sehr nahe zu sein. Als ob er sie angreifen und vom Himmel herunter holen könnte. Er fühlte sich, als ob er der einzige Bewohner des Weltalls wäre. Er war alleine auf der Welt…

Endlich schlief er doch ein, die Müdigkeit trug das ihre dazu bei.

Plötzlich klopfte jemand an die Fensterscheibe des Jeeps. Augenblicklich war er wach. Die Tür hatte er schon zuvor von innen verschlossen, sodass kein Ungebetener eindringen konnte. Vorsichtig kurbelte er die Fensterscheibe für einen Spalt hinunter und fragte:

»Wer sind Sie? Und was wollen Sie? Bitte verübeln Sie mir nicht, dass ich auf Ihrem Anwesen übernachte, aber ich wollte Sie nicht mitten in der Nacht stören…«

Hinter dem Auto zeigte sich eine große, lange Menschenhand. Plötzlich holte diese mit voller Kraft zu einem Schlag mit der Axt aus und – der hintere Teil des Jeeps sackte zusammen, als ob er in die Knie gehen würde.

»Ich bitte Sie, richten Sie keinen Schaden an,« bat der Journalist ruhig. »Ich habe keine bösen Absichten. Ich bin nur zu Besuch gekommen.«

Die große Gestalt rannte kurz darauf los. Offensichtlich ging es nur darum, dass sich die Easts mit ihrem Gast unterhalten wollten, bevor dieser weiterfahren würde. Nun, das wünschte sich doch auch Mark Novak!

Eigentlich war er dumm wie die Nacht schwarz. Er fuhr alleine nach Australien und spazierte allein in dieser Wildnis umher. Wenn er bei jemandem wirklich nicht willkommen war, dann könnte ihn dieser sehr leicht loswerden. Es war gar nicht nötig, ihn zu töten. Es würde schon reichen, ihn einfach für einige Monate oder gar Jahre auf diesem Anwesen festzuhalten.

Als sich hinter dem niedrigen Hügel die große rote Sonne zeigte, leuchtete vor ihm das Anwesen mit riesigen Stallungen und Gehegen auf. In jedes davon passten an die hundert Schafe. Er hatte den Eindruck, auf die größte Farm der Welt gekommen zu sein.

Er stieg aus und begab sich zu Fuß in Richtung Eingang. Genau genommen kroch er durch den hölzernen Zaun hindurch, auf dem ganz oben geschrieben stand:

»BRIAN EAST – MERINO-SCHAFFARM«

Das Wohnhaus war aus Holz. Es war ungewöhnlich lange und hatte eine große hölzerne Veranda. Novak hatte das Gefühl, in eine Filmstadt gekommen zu sein und die Rolle des Sheriffs zu spielen.

Er klopfte an die Tür. Niemand meldete sich. Er klopfte stärker. Nichts. Er rief, ob jemand zu Hause sei. Niemand antwortete ihm. Er drückte den Türgriff nach unten. Die Tür öffnete sich. Er trat ein und grüßte laut. Niemand war zu sehen.

Er kehrte zurück auf den Hof und rief nochmals, ob jemand zu Hause sei. Es antwortete ihm nur das Echo und das laute Blöken der Schafe in der Ferne. Plötzlich lief es ihm kalt über den Rücken. Am Rande des Hofes stieß er auf einen Grabstein. Zwei behauene Steine. Hier war Mary East begraben worden. Der Jahreszahl nach zu urteilen die Mutter des Rennfahrers.

»Sie sind so weit von der übrigen Welt entfernt, dass sie sie einfach hier begraben haben,« sagte er sich und wischte sich dabei die

Schweißtropfen von der Stirn. Doch es musste jemand hier leben. Wenn sonst niemand, dann zumindest der, der ihm die Reifen zerstochen hatte.

Vorsichtig ging er um das Wohnhaus herum. Er befürchtete, dass sich ein Hund losreißen könnte, aber zum Glück gab es keinen Hund hier. Er ging weiter. Hielt sich hier überhaupt irgendwo eine Menschenseele auf?

Endlich stieß er auf einen Menschen. Hinter den Brettern, die mehr als drei Meter hoch waren, spielte mit Bausteinen auf einem großen Sandhaufen – ein sechsjähriger Junge.

»Guten Tag!« grüßte ihn Novak freundlich. »Hab keine Angst, ich werde dir nichts tun. Ich bin Mark aus Europa. Für einen Tag bin ich zu euch auf Besuch gekommen.«

Der Junge runzelte zuerst stark seine Stirn, dann antwortete er mutig:

»Ich fürchte mich vor niemandem!«

»Du bist Brian, nicht wahr,« kniete sich Novak freundlich zu ihm nieder.

»Ja, Brian! Woher wissen Sie das?«

»Ich weiß alles.«

»Wer sind Sie – ein Polizist oder ein Schafhändler? Sie sind noch nie bei uns gewesen!«

Novak beschloss, zuerst das Vertrauen von Brian zu gewinnen. Er erzählte ihm, wie er von Europa hierher gereist war, dass er zuerst die Jankovics besucht hatte und sich jetzt gerne noch das Anwesen der Easts ansehen wolle.

»Mein Großvater lässt niemanden zu seinen Schafen,« sagte ihm der kleine Brian, der offensichtlich der Sohn des Rennfahrers war.

»Er sagt, dass sie jemand vergiften könnte.«

»Nun, ich werde euch nichts Böses tun. Ich würde mich nur gern mit deinem Vater unterhalten, danach werde ich weiterfahren…«

»Vater ist nicht zu Hause.« Zum Teufel, er war doch nicht etwa umsonst so weit gereist!

»Wann hast du ihn denn das letzte Mal gesehen?«

»Am Sonntag.«

»Heute ist... Welcher Tag ist denn heute?« Die Zeitverschiebung, die lange Anreise mit dem Flugzeug und alles andere hatten ihn aus der Bahn geworfen.

»Hey, Onkel aus Europa, Sie wissen aber wirklich nicht viel: Heute ist Mittwoch!"

Okay!, nickte Novak. Brian East war also doch am Leben. Wenn er am Sonntag noch hier gewesen ist, lebt er. Alles andere war nicht wichtig!

»Was hast du denn gebaut? Einen Bagger, einen Kran oder ein Auto?« zeigte Novak auf die Bauklötze, aus denen Brian ein Gefährt gebaut hatte.

»Das ist die Formel 1, Onkel!« rief Brian erfreut aus. »Sehen Sie das denn nicht?!«

»Wie, interessierst du dich etwa für Rennen?«

»Ja, aber mein Vater erlaubt mir nicht, sie anzusehen. Ich habe ihm gesagt, dass er mir aus Europa ein echtes Gokart mitbringen soll, gebracht hat er mir aber diese blöden Bauklötze!« Der kleine Brian war ungewöhnlich reif für sein Alter. Er sprach doch wie ein Erwachsener!

»Wo ist denn dein Großvater? Ist er nicht zu Hause?«

»Huch, du bist wirklich blöd, Onkel aus Europa!« lachte ihn Brian aus. »Wohin sollte Großvater schon mit seinem Rollstuhl gehen!«

Novak erinnerte sich daran, dass er den kleinen Brian auf jeden Fall für sein Buch fotografieren müsste. Er sprang zum Jeep, um seinen Fotoapparat zu holen.

»Ich darf doch ein Bild von dir machen, nicht wahr? Ich werde dir das Bild aus Europa schicken. Oder ich werde es gleich hier in Australien ausarbeiten lassen.«

Noch bevor er den Auslöser betätigen konnte, griff von hinten eine starke Hand nach ihm.

»Weg mit dem Fotoapparat! Keine Bilder! Wie können Sie es wagen!«

Woher war er gekommen und wie konnte er sich ihm so leise nähern? Hinter ihm saß nämlich in einem Rollstuhl der älteste der East Generation – Großvater East. Er hatte einen Blaumann an, die Haare waren grau und schütter, unter der Nase schmückte ihn ein buschiger grauer Schnauzbart. Schon auf den ersten Blick ein richtiger Großvater!

»Oh, Großvater, wo hast du dich denn versteckt?!« erfreute sich der kleine Brian an ihm. »Hast du nicht gesagt, dass du mich heute zum Autodrom fahren wirst!«

»Halt den Mund!« schärfte ihm sein Großvater ein. »Und Ihnen, ungebetener Gast, rate ich, sofort weiter zu fahren. Frau Amalia erwartet Sie schon.«

Novak setzte seine gesamte Schlagfertigkeit ein, um ihn zu überreden, sich doch in aller Ruhe mit ihm zu unterhalten.

»Großvater, mach es doch so wie immer: Bring' mich zum Autodrom und biete dem Onkel aus Europa einen Tee an,« bat ihn der kleine Brian.

»Nein, heute nicht!«

»Warum denn nicht?! Ich werde selber fahren. Papa ist sowieso nicht daheim.«

Kinder gewinnen am Ende doch immer. Der Großvater brummte zornig etwas in seinen Bart, nickte dann und sperrte eine Tür im hohen Zaun auf. Vor Novak tat sich ein wahres Wunder auf. Hinter dem Haus befand sich nämlich eine lange Flugzeuglandebahn und auf der Seite auch eine Gokart-Rennstrecke. Am Ende der Landebahn stand ein großes Flugzeug.

»Frecher Bengel, am liebsten würde er ständig hier herumhängen,« ärgerte sich der Großvater.

»Blut ist dicker als Wasser, Herr East,« entgegnete ihm Novak ernst. »Und – verübeln Sie mir nicht, dass ich Ihnen das sage, aber es heißt, dass die Enkel mehr von den Großeltern, als von den Eltern vererbt bekommen. Der kleine Brian kommt ganz nach Ihnen!«

Der alte East öffnete sich plötzlich.

»Damit haben Sie wirklich recht! Ich war genauso wie er in seinem Alter. Ich brauchte nur einen Motor zu hören, da war ich schon vollkommen aus dem Häuschen. Als ich acht war und sich mein Vater sein erstes Motorrad kaufte, brachte ich mir in fünf Minuten selbst das Fahren bei. Und ich fuhr solange auf unserem Gelände hin und her, bis das Benzin im Tank ausgegangen war. Natürlich bekam ich dafür den Stock zu spüren, aber was war das schon im Vergleich zu dem Genuss, mit höchster Geschwindigkeit herum zu rasen. Ich fühlte mich dabei wie ein Vogel in den unendlichen Weiten des Himmels!«

»Sehen Sie, der Apfel fällt nicht weit vom Stamm... Besonders bei den Weltmeistern ist es so... Wo ist denn Ihr Sohn Brian? Ist er wirklich nicht zu Hause?«

Der alte East runzelte plötzlich seine Stirn und senkte seinen Kopf: »Wenn Sie Journalist sind, wissen Sie ja bereits, dass seine sportliche Karriere dieses Jahr für immer zu Ende gegangen ist...«

»Nur offiziell,« schaute ihm Novak in die Augen. »Warum sollten wir uns dumm stellen: Ich weiß alles! Auch, dass ihm Linda die Flugkarte nach Australien besorgt hat.« Er erfand das aus dem Stegreif, aber es ging nicht anders: Die Krankenschwester Linda hätte damals nie das Krankenhaus der heiligen Cäcilia verlassen, wenn sie nicht etwas Wichtiges hätte erledigen sollen. Per Telefon wagte

sie nicht, das zu regeln, daher hat sie das Flugticket von Mailand nach Australien persönlich für ihren Freund gekauft.
»Woher wissen Sie das?« erstarrte der alte East. »Nun, ja, wenn wir schon so weit sind, ist es ohnehin egal... Brian ist wirklich zu Hause... Wissen Sie, alles war ihm zuwider. Das Geld, das Team, die Ausbeutung, die Frauen... Er hatte die Nase voll und kehrte eben vorzeitig nach Hause zurück. Er wird auch in Adelaide nicht starten. Sollen sie sich des Langen und des Breiten den Mund über ihn zerreißen, dann werden wir halt für eine Woche den Fernseher ausschalten... Wissen Sie, wir sehen uns keine Rennen an. Wegen dem kleinen Brian. Was sich bei den Rennen ereignet, berichtet mir Brian lieber persönlich am Telefon... Ich verstehe meinen Sohn auf seine Art. Auch, was die Scheidung betrifft. Zum Glück hat er Patrizia nur standesamtlich geheiratet. Für die kirchliche Trauung hatten die beiden keine Zeit. So können sie sich ohne Probleme scheiden lassen... Es wird viel schöner werden, wenn seine Frau die Entschädigung hat und er selbst in Ruhe auf heimatlichem Boden leben wird... Ich bin nur in Sorge, dass Patrizia das Sorgerecht für Brian beanspruchen könnte. Aber das lassen wir nicht zu, nicht er und auch ich nicht!«

»Warten Sie, Brian ist doch nicht das Kind von Patrizia!« stoppte ihn Novak.

»Nun werden Sie doch nicht unverschämt! Natürlich ist er von Patrizia. Die Wahrheit ist, dass sie ihn keine zwei Monate bei sich hatte. Schon als Baby hatte ihn Brian auf unser Anwesen gebracht und er wuchs die ganze Zeit bei mir auf. Ich war nicht nur sein Großvater und sein zweiter Vater, sondern auch die Mutter und überdies seine Amme...«

Novak kannte sich nicht mehr aus. Hier stimmte etwas nicht! Wenn Partizia Brian geboren hätte, hätte sie sich anders verhalten. Offensichtlich hatte ihn Brian kräftig angelogen... Offensichtlich wusste er wirklich nichts, auch nichts von dem scheinbaren Tod von Brian.

»Ich halte Sie nun wirklich schon lange genug von Ihrer Arbeit ab, deswegen werde ich noch heute weiterfahren. Ich möchte mich nur noch mit Brian unterhalten. Wo kann ich ihn denn finden?« fragte Novak unschuldig.

»Ich weiß nicht, wo er ist... Er möchte niemanden empfangen... Er sagte mir, dass ich mich niemandem zeigen soll. Es war schon dreimal die Polizei hier, sie fand aber jedes Mal ein leeres Haus vor. Wenn sie nicht auf den kleinen Brian gestoßen wären, wäre es auch Ihnen so ergangen...«

Novak überlegte, dem alten East die Wahrheit zu sagen, aber er verkniff sich lieber die Bemerkung. Warum sollte er ihn damit belasten? Es war besser, der Sache selbst auf den Grund zu gehen. Natürlich bevor die Polizei und die anderen Journalisten kamen.

»Wie viele Leute helfen Ihnen denn auf der Farm?« fing der Journalist anders herum an.

»Niemand. Die Schafe passen selbst auf sich auf. Wenn wir sie scheren oder auf die Lastwagen verladen, hilft uns eine Gruppe von Saisonarbeitern. Dann kommen uns auch mehr als dreißig, vierzig Leute zu Hilfe.«

Aha, dachte sich Novak. Wenn dies die Wahrheit ist, dann konnte ihm kein anderer als Brian East selbst den Reifen zerstochen haben. Er ist also hier!

»Das Geschäft geht Ihnen gut von der Hand, nicht wahr? Sie haben wohl zwei Flugzeuge.«

»Nur Brian besitzt eines. Wozu sollte ich eines brauchen, mit diesem Rollstuhl?« wunderte sich der alte East.

»Einen Augenblick, ich bin gleich zurück,« sagte Novak zu East und sprang nochmals zum Jeep. Aus dem Notizbuch riss er ein Blatt heraus und schrieb darauf:

»Ich weiß, was los ist. Wenn du nicht möchtest, dass dein Vater alles erfährt, dann warte auf mich auf der Straße, so weit entfernt, dass uns dein Vater nicht mehr sehen kann. Ich bin auf deiner Seite, muss aber unbedingt mit dir sprechen. Mark Novak, Europa.«

Die Nachricht legte er unter den kaputten Hinterreifen und kehrte zum alten East zurück.

»Ich würde gerne weiterfahren, habe aber einen kaputten Hinterreifen. Könnten Sie mir helfen?«

»Das werden wir schon hinkriegen. Warten Sie einen Augenblick!«

Der alte East fuhr mit seinem Rollstuhl in den Nebenraum und telefonierte. Er kehrte rasch zurück und sagte, dass alles erledigt wäre.

Novak warf einige Male einen Blick aus dem Fenster. Ja, er war sich sicher, draußen wurde der Reifen vom vierfachen Weltmeister Brian East wieder in Ordnung gebracht. Dem Weltmeister, den sie mit den allerhöchsten Ehren in Monaco begraben hatten.

Mit dem alten East nahm er noch ein langes Gespräch über die Schafzucht auf, über die harte Arbeit, die Schafschur und darüber, dass der Preis für Merinowolle auf dem Weltmarkt von Jahr zu Jahr fällt.

Novak stellte sich vorsätzlich dumm, als ob er nicht wüsste, wer ihm sein Auto wieder fahrtüchtig machte.

»Nun, ich wünsche allen Easts alles Gute! Und grüßen Sie mir den vierfachen Weltmeister, wenn er sich mal wieder zu Hause meldet!«

Hinter dem Haus hörte man das laute Brummen eines Gokartes. Der kleine Brian jauchzte laut vor Begeisterung.

Der Journalist sah sich zuerst den Jeep von allen Seiten an. Was wenn er ihm eine Falle gestellt hatte?

Er bemerkte nichts Verdächtiges. Oh doch! Der Zettel unter dem Reifen war verschwunden. Es lag auch nichts Anderes dort. Also hat er angebissen…

Er fuhr langsam davon. Er fuhr so weit, dass man nicht einmal mehr das Hausdach sehen konnte. Die Schotterstraße verlief am Zaun des Anwesens so knapp vorbei, ‚dass man wirklich nichts mehr sehen konnte, nicht einmal mehr den Schornstein. An der Straße befand sich eine Haltestelle oder ein Verladeplatz für die Schafe. Der Boden war hier von Lastwagenreifen völlig zerfurcht.

»Hier werde ich solange warten, bis er kommt. Wenn er aber nicht kommt, dann werde ich zurückkehren und seinem Vater alle Einzelheiten erzählen...«

Bis zum Anbruch der Nacht war nichts zu sehen. Vielleicht kommt er erst in der Morgendämmerung, überlegte Novak. Dann wäre es für den Vater am wenigsten auffällig.

Novak machte es dieses Mal anders. Zum Schlafen legte er sich lieber ins Freie, gute zwanzig Meter vom Jeep entfernt. So viel eben, dass er den Jeep immer im Auge behielt, gleichzeitig konnte ihm so niemand etwas Böses tun. Sein Reserve-T-Shirt hängte er absichtlich über das Lenkrad, damit es von Weitem so aussah, als ob er selbst im Wagen sitzen würde.

In der Nacht kam tatsächlich jemand auf Besuch. Genaugenommen kam er mit großen Sätzen angesprungen. Er hielt knapp vor der Karosserie an und presste seinen Kopf gegen die Scheibe. Wenn Novak tatsächlich im Jeep gesessen wäre, wäre er sicherlich erschrocken. So aber lachte er nur laut auf. Wer im Jeep saß, interessierte nämlich nur – ein Känguru.

Als Novak in seine Hände klatschte, verließ ihn schnell seine gute Laune.

»Nun, Sie brauchen nicht nach mir zu rufen, ich weiß, wo Sie sind!« Aus dem nahen niedrigen Gebüsch trat ein Mensch mittlerer Größe hervor.

In der hellen Nacht, im Blaumann, inmitten der Wildnis ähnelte er eher einem Geist als einem lebendigen Menschen. Doch er war der Richtige. Brian East, der vierfache Weltmeister! Ein lebendiger Toter!

»Was wollen Sie von mir? Wie viel Geld verlangen Sie?« fragte der Rennfahrer kurz und schnippisch.

»Nichts,« versuchte ihn der Journalist sofort zu beruhigen. »Ich möchte nur die Wahrheit erfahren. Und es würde auch Ihnen nicht schaden, wenn Sie diese Ihrem Vater, Ihrem Sohn und der ganzen Welt sagen würden. Sie können sich nicht Ihr ganzes Leben lang verstecken...«

»Nun, wahrscheinlich wissen Sie schon, dass ich amtlich – tot bin!«

Novak hatte ihn vom Fernsehen größer und kräftiger in Erinnerung. Hier schaute er tatsächlich wie ein Geist aus.

»Ich weiß auch, mit wem Sie zusammen ein Kind haben und was Sie ihrem Vater verheimlichen.«

»Nun, wie viel wollen Sie?«

»Nichts.«

»So einen Dummkopf wie Sie habe ich bis jetzt noch nicht getroffen.«

»Es freut mich schon, dass Sie leben. Und ich muss zugeben, dass Sie mir von Anfang an nahe standen. Ich habe sehr viel über Sie gelesen. Es hat mir alles gefallen, jede Ihrer Stellungnahmen. Und auch Ihr Tod war grandios inszeniert!«

»Aber was suchen Sie dann hier, wenn Sie nicht des Geldes wegen gekommen sind?! Alle in der Formel 1 sprechen nur vom Geld.«

»Ich habe es Ihnen schon gesagt: Ich bin gekommen, um die Wahrheit zu erfahren. Nun, vielleicht werde ich über Sie auch ein Buch schreiben. Wenn Sie es erlauben. Und wenn Ihre Frau Patrizia keinen zu hohen Anteil fordern wird!«

Brian East setzte sich plötzlich zu Novak auf den Boden und gab ihm die Hand:

»Ich bin Brian East, ein lebendiger Mensch! Verstehen Sie mich nicht falsch, aber ich habe schon so viel Schlechtes erlebt, dass ich all dieser Dinge schon überdrüssig geworden bin. Darf ich Sie einfach duzen? Seit ich den ersten Weltmeistertitel gewonnen habe, haben mich alle geduzt und auch ich sie. Als ob ich die ganze Welt kennen würde.«

»Mark Novak, Europa,« bat ihm der Sonderkorrespondent seine Hand an. »Es ehrt mich, dich duzen zu dürfen.«

»Gut. Ich werde dir alles erzählen. Aber nur unter der Bedingung, dass du es nicht weitererzählst.«

»Ha, und was ist mit meinem Buch?« Bei den Reportagen würde er es schon irgendwie hinkriegen. Er wird eben mehr über Opale und Schafe berichten. Wie all jene es vor ihm getan hatten.

»Es wird kein Buch über mich geben. So etwas machen nur Aasgeier der übelsten Sorte. Und überhaupt würde dir meine verehrte Gattin noch den letzten Dollar aus der Tasche ziehen, solltest du wirklich etwas für das Buch bekommen. Glaubst du wirklich, dass sich dafür jemanden interessieren wird? Alle, die wir in der Formel 1 gefahren sind, beziehungsweise all jene, die noch fahren, haben einen ähnlichen Weg hinter sich. Gewöhnlich wird einem der Kopf schon in der Kindheit verdreht. Tag für Tag fährst du Gokart, dort bekommst du ein Gefühl dafür, wann du beschleunigen und wann du bremsen musst, es wird festgestellt, dass du talentiert bist, man hilft dir dabei, bei nationalen Rennen an den Start zu gehen, dort gewinnst du, danach bist du stärker dem Sport verfallen, als irgendetwas anderem. Lass dir gerade heraus sagen, dass ich den Benzingeruch noch heute lieber habe als den Duft jeder Blume. Und dass mir der Gesang der Motoren lieber ist, als die Lieder der Vögel. Und dass ich die Geschwindigkeit mehr genieße als einen stillen Sparziergang in der Savanne...«

»Warum aber hast du dann damit aufgehört?«

»Ich werde ganz offen sein. Deshalb, weil sich mir eine einmalige Gelegenheit geboten hat, schnell auszusteigen. Sonst hätte ich mich auf hunderten Banketten und ähnlichen Blödheiten verabschieden müssen, nach dem Unfall aber konnte ich die Spur hinter mir vollends verwischen.«

»Glaubst du, dass dies in der heutigen Zeit überhaupt möglich ist?« wollte ihm Novak nicht so recht glauben. »Auch wenn ich schweige, würde es früher oder später doch herauskommen, dass du lebst.«

»Vielleicht hast du recht. Aber wenn man es erst in fünf oder zehn Jahren herausbekommt, würden darüber vielleicht irgendwo fünf Zeilen veröffentlicht werden. Dann werde ich bereits vollkommen unbedeutend sein!«

Novak gab ihm recht. Und er verstand ihn auch. Zugleich war er davon überzeugt, dass er so einfach nicht davon kommen würde.

»Und wie fühlst du dich jetzt, da du – tot bist?«

»Ausgezeichnet. Ich habe mich noch nie zuvor so lebendig gefühlt.« Das sagte er ihm so vertraulich, als ob sie schon lange gute Freunde wären.

»Und kommt Doktor Wood tatsächlich hierher auf euer Anwesen?«

»Das wird er. Er sagt, dass er erforschen will, wie das Klima die Länge der Kängurusprünge beeinflusst. Vielleicht wird er versuchen, mit einer besonderen Kreuzung ein Känguru zu schaffen,, das in der Lage ist, fünf Meter und mehr zu springen. So wird es mit einem einzigen Sprung jede Straße überspringen können.« Er hustete tief und fragte vorsichtig: »Ich möchte dich bitten zu schweigen. Linda wird bald nachkommen. Ich möchte nicht, dass mein Vater sie unfreundlich empfängt.«

»Wird sich denn das M-Mädchen in dieser Wildnis wohl fühlen?«

»Ich hoffe es sehr, dass sie es wird. Auch sie würde sich sehr gerne für immer aus der Öffentlichkeit zurückziehen. Hie und da werden wir schon noch einen Abstecher in eine Stadt machen. Damit keine Langeweile aufkommt. Mit dem Flugzeug bin ich in einer halben Stunde in Adelaide.«

»Nun, gerade das Flugzeug hat verraten, dass du hier bist. Dein Vater hat mir gesagt, dass er damit nicht fliegt.«

Ihre Unterhaltung wurde zunehmend herzlicher. Je höher die Sonne am Himmel stand, desto ausführlicher unterhielten sie sich über alltägliche Dinge. Schließlich sagte Brian East:

»Weißt du was, mein lieber Europäer, sei mein Gast! Du kannst gerne eine oder zwei Wochen bleiben. Als Gegenleistung schweig darüber, dass ich nicht tot bin. Mein Vater würde diese Verwirrung ohnehin nicht verstehen…«

»Abgemacht!« Er drückte ihm freundschaftlich die Hand. Unter Lachen erzählten sie einander dann noch einmal die ganze Geschichte: Als Brian verunglückt war, hatte er großes Glück gehabt. Der Unfall war nicht schlimm gewesen. Er wollte sofort aufstehen und selbst zu seinem Team gehen, aber Doktor Wood stieß ihn zurück auf die Trage. Im Krankenhaus haben sie dann zu dritt vereinbart, hinter ihm alle Spuren zu verwischen. Die Initiative dafür ist von Brian selbst ausgegangen. Linda war von dem Plan sofort begeistert gewesen, nur Doktor Wood zweifelte ein wenig, denn wer sollte den Totenschein ausstellen?

»Und wer hat ihn dann unterschrieben?«

»Ich persönlich!« lachte er breit. »Weißt du, das ist wirklich ein Genuss!«

»Das glaub ich dir. Obwohl du deswegen auch bestraft werden kannst.«

»Das kann ich nicht, denn ich bin ja – tot!«

Als die beiden zurückkehrten, erwartete sie der alte East bereits an der Türschwelle.

»Ich habe mir schon gedacht, dass es so enden wird. Gut so, ein frisches Paar Hände brauchen wir für die Arbeit gerade jetzt dringend. Der Schafstall muss repariert werden. Und etwas muss ich Ihnen noch ausrichten. Herr Jankovic hat mir mitgeteilt, dass Sie in Europa bereits dringend gesucht werden. Sie sollen sofort diese Nummer anrufen.«

Es war Mihelics Privatnummer.

»Hey, altes Haus, was störst du mich denn mitten in der Nacht!«

»Wer hier stört, bist wohl du. Was willst du denn von mir?«

»Tu mir bitte einen Gefallen! Wenn du in die Nähe der Easts kommst, frag bitte die Nachbarn, wie der alte East den Unfall seines Sohnes verwunden hat. Nun, du weißt ja, dass auch er einmal Weltmeister gewesen ist. Danach ist er auf seiner Heimstrecke so unglücklich in den Sicherheitszaun geprallt, dass er wohl heute noch im Rollstuhl sitzt.«

»Ich habe etwas davon gehört, du hast recht.«

»Von wo aus rufst du mich eigentlich an? Bist du bei meinem Onkel in Janal?«

»Nein, ich bin bei den Easts.«

Er wollte noch sagen, dass er nicht weiter sprechen kann, als die Verbindung plötzlich unterbrochen wurde. Nun, eine schöne Bescherung! Der vierfache Weltmeister hatte ihm nicht nur den Reifen aufgeschlitzt, er hörte offensichtlich auch seine Telefongespräche ab. Obwohl East ihm die Freundschaft angeboten hatte, ging Novak mit einem ungutem Gefühl schlafen.

VI.
Rache ist süß

Ungewöhnliche Reisende im Privatflugzeug • Die Erinnerung kehrt nur langsam zurück • Der Onkel aus Europa hat keine Ahnung • Geld regiert die Welt • Der Sohn selbst wählt die richtige Mutter aus • Benzin für eine Million Dollar • Eine Neuigkeit, wert einen Koffer voller Geld

Am frühen Vormittag hörte man am Himmel ein Flugzeug brummen. Alle waren davon überzeugt, dass es die Polizei sei, doch aus dem Flugzeug stiegen Doktor Wood und das M-Mädchen. Und mit ihnen, na so was, Anwalt William und die Strohwitwe Patrizia! Besonders ungewöhnlich war der Umstand, dass der Arzt und Linda hinter William und Patrizia hergingen und Doktor Wood eine Pistole auf sie richtete.

Brian East war von diesem unerwarteten Besuch so überrascht, dass er es nicht einmal schaffte sich zu verstecken. Doch er war insgesamt entschlossener geworden. Das Gespräch mit Novak hatte sein Selbstbewusstsein sichtlich gestärkt.

»Geh zur Seite, Vater!« befahl der vierfache Weltmeister dem alten Brian. »Ein Gewitter wird über mir niedergehen. Der Regenschauer gilt mir.«

Der Vater knurrte verärgert und fuhr mit dem Rollstuhl in sein Zimmer. Novak war davon überzeugt, dass er noch immer lauschte, beziehungsweise durch das Fenster nach ihnen Ausschau hielt, obwohl er nicht mehr in der Nähe war. Auch der kleine Brian war nicht da. Wahrscheinlich spielte er in der Sandkiste.

East und Novak traten aus dem Haus auf den Plan.

»Jetzt kommt, was kommen muss,« sah Brian ihn schicksalsergeben an.

»Mehr als umbringen können sie dich nicht. Obwohl, du bist sowieso schon tot, jetzt kannst du nur wieder belebt werden,« munterte ihn der Journalist auf.

Je näher sie kamen, desto seltsamer kamen sie ihnen vor. Anwalt Bruck und Patrizia zeigten überhaupt keinen Ärger noch Verwunderung. Sie gingen irgendwie mechanisch, wie zwei ferngesteuerte Roboter. Diese Fernsteuerung war ganz offensichtlich Woods Pistole.

»Sollte es zu ärgeren Zwischenfällen kommen, bitte ich dich mir zu helfen. Ich wäre nicht gerne das, was ich offiziell schon bin.«

»Sei unbesorgt, ich bin auf deiner Seite.«

Vor der Veranda blieben sie stehen. Doktor Wood ließ die Pistole sinken, Linda tat so, als ob sie sich die Umgebung besonders gründlich ansehen würde. Wahrscheinlich hatte sie trotz allem mehr Prunk und eine schönere Umgebung erwartet. In ihren engen weißen Jeans, mit der roten Bluse, die sie vorne zu einem Knoten zusammengebunden hatte, sah sie aus wie eine Touristin von einem anderen Planeten. Noch komischer wirkte der Arzt. Mit dem großen Hut auf dem Kopf sah er aus wie ein Cowboy aus einem Film. Am merkwürdigsten war jedoch, dass sowohl Brians Frau Patrizia, als auch ihr Anwalt gleich angezogen waren wie im Schwarzwald. Als ob sie keine Zeit gehabt hätten sich umzuziehen. In dieser ländlichen Gegend wirkten die beiden in ihrer Stadtkleidung beinahe witzig.

»Pass auf, jetzt kracht's!« machte Novak Brian aufmerksam, als sich Patrizia plötzlich von der Gruppe losriss und geradewegs auf Brian zulief.

Brian trat einen halben Schritt zurück. Er war auf alles vorbereitet, auch auf Ohrfeigen oder noch Schlimmeres. Doch es geschah ein Wunder. Patrizia ging direkt auf Brian zu und begann – ihn leidenschaftlich zu küssen! Brian war anfangs dermaßen überrascht, dass er sich ihrer überhaupt nicht erwehren konnte. Er kam jedoch so weit zu sich, dass er sie vorsichtig wegschob und zu ihr sagte:

»Also bitte, Patrizia?!«

»Brian, mein Brian!« seufzte seine Frau fortwährend. »Bitte führ' mich ins Casino, zu Modeschauen, auf eine Kreuzfahrt auf die Bahamas! Brian, mein Brian!«

Irgendetwas stimmte nicht, denn auch der Anwalt William ertrug die Szene mit stoischer Ruhe. Nachdem Patrizia einige Minuten auf Brian eingeredet hatte, sagte er sogar:

»Wie schön es ist, wenn sich zwei Menschen lieben!«

Novak war noch verwunderter. Vor der Schönheitsklinik in Deutschland haben sich Patrizia und William noch ewige Treue geschworen! Wer führt hier wen an der Nase herum?

Doktor Wood steckt sich die Pistole in den Gürtel und trat auf Brian zu.

»Man weiß nie, wie sie wirken – meine Medikamente.« Daraufhin begann er lauthals zu lachen.

»Nun, ich sehe, sie wirken.«

Der Journalist erinnerte sich an die Getränke im Empfangssaal. Es sah fast so aus, als ob Patrizia und William davon gekostet hätten.

»Ich hatte befürchtet, dass sie schon am Weg hierher anfangen würden, Dummheiten zu machen, doch es ist alles gut verlaufen.«

Brian blickte zuerst seine Frau und dann seine Geliebte an. Er trat zu Linda und sagte:

»Willkommen auf unserem Landgut! Das wird von nun an unser Zuhause sein. Bist du sehr enttäuscht? Nun, es ist nicht gerade Monte Carlo. Dafür haben wir Ruhe vor allen anderen.«

Linda küsste ihn auf die Wange und meinte:

»Ich werde mich schon daran gewöhnen, keine Sorge. Hauptsache wir entledigen uns dieser...« Offensichtlich wollte sie »Hexe« oder etwas Ähnliches sagen, doch biss sie sich lieber in die Zunge.

»Brian, mein Brian!« streckte die Ehefrau ihre Arme ihrem Mann entgegen.»Führ' mich heute Nacht nach Nizza, oder sonst wohin an die Cote d'Azur!«

Plötzlich schüttelte Anwalt Bruck seinen Kopf und blickte verwundert um sich.

»Wo bin ich hier? Wer sind denn Sie? Was machen wir denn alle hier?«

»Aha, er kommt zu sich!« rief Doktor Wood.

Der Anwalt runzelte die Stirn und musterte zuerst seine Begleiterin und dann alle anderen Anwesenden im Hof von Kopf bis Fuß. Am längsten verweilten seine Blicke bei Novak, als ob er überhaupt nicht wusste, wie er ihn einordnen sollte.

»Moment, sind wir nicht mehr im Schwarzwald? Hier ist es verdammt heiß. Du bist Patrizia, meine Liebe und Sie sind – oh mein Gott – der tote Brian East!« Er schüttelte heftig seinen Kopf, als ob er ein unerwünschtes Bild vertreiben wolle.

»Ja, ich bin Brian East!« lachte der Rennfahrer.»Derjenige, den sie mit meiner Frau am San Victorio Hügel begraben haben.«

»Oh mein Gott!« rief der Anwalt, griff sich ans Herz und taumelte gegen den Verandazaun.

»Linda, gib ihm ein Aufputschmittel, sonst wird er es nicht überleben!« Linda zog eine Spritze aus der Tasche und ging auf den Anwalt zu.

»Nein, ich bitte Sie, nein!« schrie William. »Es ist überhaupt nichts. Ich bin kerngesund. Keine Getränke, keine Aufputschmittel mehr, bitte. Ich bin kerngesund, und ich werde alles tun, was Sie von mir verlangen!«

Brian machte eine Handbewegung, dass sie ihn in Ruhe lassen sollten. William war wirklich ausgenommen flexibel. In wenigen Minuten durchblickte er die Situation. Offensichtlich kehrte auch die Erinnerung schnell zurück.

»Oh, mein Brian!« Noch immer streckte Patrizia ihre Arme nach ihrem Mann aus. »Wirst du mich am Wochenende nach Las Vegas führen?«

»Warten wir noch eine Minute, auch bei ihr wird das Medikament früher oder später seine Wirkung verlieren...« schlug der Arzt vor.

»Inzwischen können Sie mir erzählen, was vor diesem Schranken passiert ist!« meinte Novak. In der ganzen Geschichte fehlte ihm etwas.

»Nichts Besonderes,« meinte Wood achselzuckend. »Es kam nur zu einer kleinen Massenkarambolage.«

»Warten Sie, ich werde selber fortfahren. Der Abschleppdienst war natürlich kein gewöhnlicher Abschleppdienst, sondern einer nach ihren Vorstellungen. Sie wollten, dass er mich einfängt und festhält. Als ich mit meinem kleinen Auto an dem Schranken vorbeigeschlüpft bin, fuhr zuerst der Abschleppwagen in die Säule, daraufhin der Anwalt und Patrizia in den Wagen und ihr beiden hinten drauf.

»Nun, ich saß allein im Auto,« bemerkte der Arzt.

»Den Anwalt und Patrizia wollten sie erwischen, damit sie den Reportern nicht die Wahrheit erzählen konnten. Hab ich recht?« Er lenkte das Gespräch in seine Richtung. Er wollte überprüfen, ob der Anruf von Mihelic Zufall war, oder man sich in Europa schon überall erzählte, dass Brian in Wirklichkeit noch am Leben sei.

»Genau, wegen der Reporter,« bestätigte Wood. »Ich wollte nichts dem Zufall überlassen. Immerhin ist Brian mein Arbeitgeber. Deshalb habe ich den beiden hier geholfen, vorübergehend das Gedächtnis zu verlieren. Wir kauften vier Tickets nach Sydney und flogen danach mit dem kleinen Flugzeug hierher. Dazwischen haben wir eine Bruchlandung überlebt, aber davon später. Wahr ist jedenfalls, dass wir einige Tage später dran sind als gedacht.«

Novak nickte zufrieden. Hervorragend! Also kann er noch immer als Erster die Wahrheit über East aufdecken. Obwohl er den Arzt nicht besonders mochte, hätte er ihn am liebsten umarmt. Eigentlich hatte sich nichts verändert: Brian East ist für alle tot, alles andere hat keine Bedeutung.

»Wer sind denn Sie?« trat plötzlich Patrizia auf Novak zu und blickte ihm tief in die Augen. Er sah, dass sie ratloser war als jemals zuvor.

»Beruhige dich, meine Patrizia,« umarmte sie der Anwalt. »Wir werden auch Schlimmeres überstehen, ich würde dich nie verlassen. Wir sind auf Brians Gut, damit wir die finanziellen Angelegenheiten klären. In Anbetracht der neuen Situation rate ich dir, die Scheidung um keine Minute mehr zu verschieben. Wir müssen uns darüber im Klaren sein, dass Herr East gar nicht tot ist und seine Nächsten, wahrscheinlich auch er selbst, eine kriminelle Handlung begangen haben. Für uns bedeutet das, dass sie für einige Jahre ins Gefängnis müssen, und während Herr East im Gefängnis ist, werden wir unser Recht auf das Geld nicht so schnell geltend machen können. Deshalb schlage ich vor, alles jetzt gleich zu regeln. Sicherlich fragst du dich auch, wie es uns nach Australien verschlagen hat. Diese Sache hat auch ihre praktische Seite. Das Flugticket müssen wir nur in eine Richtung bezahlen, denn den Flug hierher hat uns Doktor Wood geschenkt.«

»Wood?« wunderte sich Patrizia. »Ist das nicht der Arzt, der uns gezwungen hat, mit ihm zur Klinik zu fahren?«

»Na siehst du, die Erinnerung kehrt zurück. Und, damit es dich nicht zu hart trifft: Der Mann auf der Veranda ist wirklich dein Ehemann, Brian East!«

Diesen Anblick ertrug Patrizia nicht. Als sich ihre Blicke trafen, kippte sie der Länge nach zu Boden. Brian sprang ihr zu Hilfe und trug sie ins Haus.

»Patrizia, hab' keine Angst vor mir! Ich bin wirklich am Leben, aber das ändert nichts. Ich habe das ganze Geld hier auf meinem Gut. Unterschreib' die Scheidungspapiere und ich werde dich sofort auszahlen.«

In diesem Moment öffnete Patrizia die Augen und rief:

»Eine Million Dollar!«

»Sehr geehrte Frau Patrizia, erlauben Sie mir, dass ich Ihnen als Ihr Anwalt sage, dass das im Verhältnis zu Herrn Easts Vermögen recht wenig ist. Ich rate Ihnen zu eineinhalb Millionen. So viel jedenfalls, dass man von den Zinsen gemütlich bis ans Lebensende leben kann. Alles andere kommt nicht in Frage.«

»Zwei Millionen!« kam Patrizia immer mehr zu sich. »Für weniger lasse ich mich nicht scheiden, selbst wenn ihr mich sofort erschießt.« Die Pistole des Arztes hatte sie sich trotz des Gedächtnisverlustes gemerkt.

»In Ordnung, eineinhalb Millionen,« stimmte Brian zu.

»Ich schlage eine Million siebenhundertfünfzigtausend vor!« riet der Anwalt Patrizia. »So ist es am besten für beide Seiten.

»Eine Million siebenhunderttausend,« ließ sich Brian erweichen. »Genau so viel habe ich dort in diesem Koffer vorbereitet.«

»In Ordnung,« willigte Patrizia ein. Sie stand auf und gab ihrem Mann die Hand. Es war wie in einer Komödie.

»In Ordnung. Und der Flug bis Sydney,« ergänzte der Anwalt.

»Oh nein, das sicher nicht!« widersetzte sich der Arzt. »Das Flugzeug werdet ihr extra bezahlen.«

»Lass nur, ich mach das schon!« sorgte sich Patrizia nicht allzu sehr. »Mit Geld kann man alles kaufen.«

»Und übrigens, nur fünfzig Prozent vom Buch über Brian East – für beide zusammen!« mischte sich Novak ein, als sie die Bündel von Geldscheinen im Koffer zählten und Patrizia die Scheidungspapiere unterschrieb.

»Ich habe achtzig gesagt. Eigentlich neunzig. In Anbetracht dessen, dass ich mich gerade von Brian East scheiden ließ, werden sie über mich sicherlich kaum Schönes schreiben, deshalb neunzig!«

»Mit dem Zusatz, dass wir Sie für jede Beleidigung im Buch verklagen werden,« fügte der Anwalt hinzu.

»Oder aber wir schreiben das Buch selber,« kam Patrizia auf einen Gedanken. »Was meinst du William? Wir könnten auf die Bahamas gehen, wo du in Ruhe das Buch über diesen verrückten Rennfahrer verfassen kannst. Ich werde es dir diktieren, du wirst es schreiben. Die Geschichte wird sowieso immer von den Siegern geschrieben!«

Novak hielt lieber den Mund. Er wird es schreiben und sonst niemand. Und zwar über East, nicht über seine ehemalige Frau. Er und Brian waren jetzt Freunde, er benötigte nur seine Erlaubnis. Er musste ihn nur dazu überreden, der Enthüllung zuzustimmen. Wenn er ein Buch über sein großes Leben und über seinen Tod in Monza verfassen würde und die Menschen währenddessen entdecken, dass East in Wirklichkeit noch lebt, würde er sich vor der ganzen Welt lächerlich machen. Das Buch würde nur Furore machen, wenn er darin als Erster den vermeintlichen Tod enthüllen würde. Vor seinen Augen blitzte der große Titel auf: »BRIAN EAST IST NICHT TOT!«

Im Hintergrund tauchte plötzlich der alte East auf. Novak bemerkte sofort, dass er alles andere als guter Laune war.

»Was für eine Schande, Patrizia, dass ich Sie erst beim Geldzählen kennen gelernt habe!« brummte er. Sein Schnurrbart zitterte vor Ärger, er sah um einiges älter und deutlich ergrauter aus als sonst. »Hat euch denn wirklich keine Liebe verbunden?«

Patrizia schaute zu Boden und zuckte mit den Schultern.

»Und was ist mit dem kleinen Brian? Interessiert er dich überhaupt nicht?« Anscheinend wollte er erreichen, dass der kleine Brian bei ihnen bliebe.

»Brian ist nicht mein...« sagte Patrizia leise. »Ihr Sohn ist nicht so ein Heiliger, wie Sie glauben.«

»Wie? Aber du hast doch gesagt...« Der Vater blickte seinen Sohn vorwurfsvoll an.

»Na ja... Ich weiß nicht, wie ich es dir sagen soll... Weißt du, ich und Patrizia, das hat nie so richtig gut funktioniert... Aber mit Linda... Nun, aus der Liebe zu Linda entstand Brian...«

Der Vater ließ den Kopf hängen und stieß hervor:

»Diese verrückte, verrückte Welt!«

»Gehen wir lieber, hier haben wir nichts mehr zu suchen!« fühlte sich Patrizia sichtlich unwohl. »Nimm den Geldkoffer, William, alles andere ist erledigt!«

Der alte East konnte es noch immer nicht glauben. Als alle auf die Veranda gingen, rief er laut nach dem kleinen Brian.

»Brian, komm her! Hier wartet jemand auf dich!«

Keine fünf Sekunden vergingen, als schon der Blondschopf mit den Strubbelhaaren auftauchte.

»Mami, endlich bist du gekommen! Und Opa hat mir gesagt, dass du mich nicht magst. Siehst du, wie dumm diese Opas sind. So wie die Onkels aus Europa!« Er zeigte auf Novak, obwohl der nichts getan hatte.

Der alte East beobachtete aufmerksam, ob der kleine Brian zu Linda oder zu Patrizia laufen würde...

»Du bist wirklich so schön wie auf dem Bild!« rief Brian mit Tränen in den Augen. Sie fielen sich in die Arme.

»Oh, mein kleiner Brian, mein kleiner Brian!« schluchzte Linda völlig außer sich. »Ich hab dich ja so vermisst. Jeden Abend hab ich dir in Gedanken Gutenachtgeschichten erzählt. Ich hab' dein Bild aus der Geldbörse genommen und nur an dich gedacht. Nacht für Nacht, Tag für Tag.«

»Und wirst du jetzt wirklich für immer hier bleiben? Papa hat gesagt, dass er dich für immer hierher bringen würde, wenn ich aufhören würde, Gokart zu fahren. Aber ich weiß, dass du es mir erlauben wirst. Hab ich recht, Mami, das wirst du doch, oder?!« Er sprach so erwachsen als ob er fünfzehn Jahre alt wäre, nicht sechs.

Im Hintergrund hustete der Großvater laut auf.

»Weißt du, ich weiß ganz genau, wer mein Papa ist, obwohl ich mir keine Rennen im Fernsehen anschauen durfte. Doch im Radio haben sie gesagt, dass gerade mein Papa oft gewonnen hatte. Ich habe auch gehört, dass er gestorben war und habe drei Tage lang um ihn geweint. Doch als er nach Hause gekommen ist, habe ich nicht mehr gewusst, wer mich anlügt, Opa oder Papa. Ich habe gedacht, dass sich Papa auch dich nur ausgedacht hat. In Europa lügen alle. Jetzt sehe ich, dass Papa doch nicht gelogen hat. Meine Mami, bleib das ganze Leben lang bei mir!«

»Das werde ich, du brauchst keine Angst zu haben, mein Liebling!«

»Wer hat dir denn die Gokartstrecke aufgebaut?« fragte Novak den kleinen Brian.

»Na wer wohl, Opa! Er sagt, ich sei so gut wie er in meinem Alter. Papa gegenüber tut er aber so, als ob er nichts davon wüsste.«

»Ich und Linda würden ihn gerne von diesem seltsamen Sport weg kriegen,« meinte Brian versöhnlich zu Novak. »Aber ich weiß nicht, ob das klappen wird.«

»Blut ist dicker als Wasser,« wiederholte der Journalist neuerlich die Redewendung. »Besonders des Großvaters Blut.«

»Gehen wir, William!« zupfte Patrizia den Anwalt am Ärmel. »Hier haben wir nichts mehr zu suchen.«

Der Anwalt verneigte sich elegant und ging hinter ihr her. Alle anderen aber blieben dort, wo sie waren.

Plötzlich drehte sich Patrizia um und rief:

»Herr Wood, nun kommen Sie doch, wir müssen nach Sydney, um unser Flugzeug nach Europa zu erwischen.«

Der Arzt tat so, als ob er es überhört hätte.

»Dann bring du uns nach Sydney, Brian!« rief sie etwas sanfter ihrem Ex-Mann zu.

Brian wandte seinen Blick ab.

In diesem Moment wurde Patrizia wütend:

»Los, mach den Koffer auf, William, und bezahl sie! Natürlich, sie verstehen nur die Sprache des Geldes. Nun, was wird denn ein Flug nach Sydney kosten? Hundert Dollar, vielleicht zweihundert, bei euch vielleicht dreihundert… Zahl, so viel sie verlangen, ich will sie nur nicht mehr sehen!«

»Tja, ein Flug nach Sydney ist in letzter Zeit deutlich teurer geworden,« meinte Brian abschätzig. »Wenn mich nicht alles täuscht, kostet er jetzt genau eine Million Dollar.«

»Was? Eine Million Dollar?«

»Eine Million Dollar.«

»Ich hab doch gewusst, dass das eine Farm voller Verrückter ist!« ächzte Patrizia. »Wir gehen, William, selbst wenn ich in dieser Hitze sofort zugrunde gehe.«

»Würdest du nicht lieber…?«

»Leute, die erpressen, ertrage ich nicht, und Punkt. Wir gehen zu Fuß. Wir werden am Weg schon jemanden aufhalten.«

»Natürlich, das werdet ihr,« stieß Brian lachend hervor. »Hier fährt sicher alle drei Tage jemand vorüber. Aber nicht notwendigerweise bleibt er auch stehen.«

Patrizia drehte sich verärgert um und zerrte den unentschlossenen Anwalt hinter sich her. Sie schauten ihnen noch lange nach. So lange, bis sie wie zwei kleine Punkte in der heißen Sonne verschwanden. Zu Fuß, mit einem großen Koffer voller Geld in Händen.

»Das ist aber auch eine wohlige Genugtuung,« sagte Brian. »Wer hätte gedacht, dass Rache so süß sein kann...«

Novak blieb noch ganze drei Tage auf der Farm. Er nahm ein langes Interview mit dem viermaligen Weltmeister auf und unterhielt sich auch mit dem Vater, dem M-Mädchen und dem Arzt. Endlich hatte er die Formel 1 im kleinen Finger.

»Doch in gewisser Weise ist es auch eine Formel des Tod,« erkannte der Journalist am Ende. »Die Geschwindigkeiten sind außerordentlich, der Druck auf die Fahrer ungewöhnlich stark, die Verhältnisse auf den Rennstrecken lebensgefährlich... Brian, glaubst du nicht, dass das ein Sport ist, dass dieser Sport ein Drahtseilakt ist?«

»Das würde ich nicht sagen... Das kann man nur dann so sehen, wenn die Menschen deswegen überschnappen. Mir kommt es so vor, als ob in den letzten Jahren zu sehr das Geld die Formel 1 bestimmt, beziehungsweise die Leute, die genug haben. So bestimmen die Sponsoren, wo ein Rennen gefahren wird, wann es stattfindet, wer fährt, wie schnell das Auto ist... Alles ist nur vom Geld abhängig. Deshalb habe ich mich aus der Formel 1 zurückgezogen.«

»Ich verstehe dich vollkommen,« antwortete ihm der Journalist. »Doch die Art des Rückzuges war ziemlich ungewöhnlich. Fürchtest du wirklich keine Folgen? Was, wenn dich deine Ex-Frau und der Anwalt verraten?«

»Auch darüber habe ich nachgedacht. Ich werde eben diese paar Monate absitzen. Weißt du, in Australien gab es sehr wenige Ureinwohner. Beinahe alle größeren Siedlungen sind aus Strafkolonien entstanden. Wir haben das Gefängnis sozusagen im Blut. Mehr als ein paar Monate Haft können wir sowieso nicht ausfassen. Weder ich, noch Wood, noch Linda. Außerdem bin ich davon überzeugt, dass man es gar nicht herausfinden wird. Lieber gebe ich dir etwas Geld, Hauptsache die Menschen lassen mich in Ruhe. Du würdest beim Verkauf des Buches ohnehin nicht viel einnehmen. Mit Büchern macht man kein Geld. Außerdem, wenn sich dir eine ähnliche Gelegenheit bieten würde, wie würdest du dich verabschieden?«

»Nun, so wie du auf keinen Fall,« antwortete ihm Novak. »Ich würde bis zum letzten Rennen in Adelaide warten, versuchen zu Hause zu gewinnen. Danach würde ich den Vertrag mit Williams-Renault nicht verlängern und alles würde zu Ende gehen wie üblich. Und in die Geschichte würde ich eingehen, wie ein kleiner Heiliger.«

»Das ist wahr! Doch du vergisst, dass wir drei, Linda, Wood und ich, ein bisschen verrückt sind. Jeder auf seine Art. Wir fühlen uns gut, wenn wir zusammen sind und weil uns die Verkettung verschiedener Umstände zu so einem Tod führte. Auf der anderen Seite stimmt es, dass es ein besonderer Genuss ist – glaub jetzt nicht, dass ich schon ganz wahnsinnig bin – sein eigenes Begräbnis zu beobachten. Schon zehnmal habe ich mir die Aufnahmen angesehen. So eine Vorstellung hat die Welt noch nicht gesehen. Und nichts kann uns anschaulicher vor Augen führen, was wir sind. Erst beim Tod werden wir zu Menschen und selbst dann nicht alle. Offensichtlich ist uns mehr nach der Formel des Todes als nach der Formel des Lebens.«

Dass der Arzt wirklich etwas Besonderes ist, bewies er schon am nächsten Tag. Er hatte begonnen sich selbst eine Baracke am anderen Ende von Brians Gut zu bauen und Brian brachte ihm ein gefangenes Känguru.

»Hervorragend, hervorragend!« sprang er wie besessen um ihn herum. »Endlich verwirklichen sich meine Jugendträume. Der Mensch im direkten Kontakt mit der Natur versteht auch die Tiere besser. Meine Forschungsergebnisse werden zum Erhalt dieser Art hundertmal mehr beitragen, als alle Konferenzen über das Aussterben der Kängurus zusammen. Die Angelegenheit ist simpel: Man muss nur zwei Dinge erwirken und diese Tierart wird für immer gerettet sein. Zum Ersten müssen wir den Kängurus bessere Umweltbedingungen zur Fortpflanzung anbieten, zum Zweiten – und genau damit werde ich mich mehrere Jahrzehnte beschäftigen – dass wir ihnen beibringen, wenigstens doppelt so weit zu springen, als sie es bisher gewohnt sind. Mit besonderen gentechnischen Methoden muss ich erreichen, dass die Extremitäten der Kängurus stärker werden und dass sie gleichzeitig die Angst vor dem Springen besiegen. Ähnlich ist es in der Formel 1. Wenn die Angst beim Rennfahrer mitfährt, so wird er sicher nicht gewinnen. Wenn er aber sich selbst und die Maschine beherrscht, so wird er schon nach einigen Rennen Erfolge vorweisen können. Ich werde hart arbeiten müssen, sehr hart. Schon deswegen, weil sich Kängurus verhältnismäßig langsam vermehren. Aber Zeit habe ich jetzt ja genug...« Er war so begeistert, dass ihn niemand auf der Welt vom Gegenteil überzeugen hätte können.

Als Novak am dritten Tag seine Sachen zusammen packte und im Jeep verstaute, um sich in Richtung Adelaide auf den Weg zu machen und sich dort in den Straßen der Stadt das sonntägliche Formel-1-Rennen anzusehen, erschien noch ein Gast auf dem Landgut. Der Rennfahrer Fred Edwards! Er kam mit Chauffeur, denn Edwards hatte einen Gipsfuß.

»Jetzt wirst du erst richtig berühmt, Brian! In allen Zeitungen wird man von dir schreiben. Patrizia kam um es mir mitzuteilen, gleich nachdem sie die Geschichte um eine halbe Million Dollar der größten Zeitung von Sydney verkauft hatte,« erzählte er schon an der Tür. »Wer hätte gedacht, dass du wirklich lebst?!«

Brian biss sich verärgert in die Unterlippe und fragte leise: »Wann war denn das?«

»Heute Morgen. Sie hat gesagt, dass sie sich so am besten für all den seelischen Schmerz rächen kann, den sie wegen deines Todes durchgestanden hatte.«

Novak überlegte schnell, was morgen in den Zeitungen stehen würde. Dass East ein Betrüger, ein Lügner, ein Schwindler ist... Auch über ihn wird etwas Unpassendes geschrieben stehen. So wird es eben sein! Vor allem: Buch, ade! Man kann nichts verbergen, jede Tat kommt früher oder später ans Licht. Er selbst hatte den großen Fehler gemacht, zu warten und zu warten. Sensationen vertragen kein Warten. Die Medien werden sich jetzt, vor dem Rennen in Adelaide, um die Geschichte natürlich reißen. So etwas geschieht nicht alle Tage.

Er erinnerte sich daran, dass die Zeitungen vor Jahren geschrieben hatten, dass Hitler nicht Selbstmord begangen hatte, sondern irgendwo in Argentinien lebt. Und auch, dass das Sängeridol Elvis Presley noch lebt, sich nur aus dem Musikgeschäft zurückgezogen hatte. Und dass die berühmteste Blondine, Marilyn Monroe, ihre alten Tage irgendwo auf einer einsamen Insel verbringt. Am meisten hatte ihn die Umfrage überrascht, die man an einem Jahrestag von Presleys Tod durchgeführt hatte. Neunzig Komma dreiundvierzig Prozent der Befragten waren davon überzeugt, dass der King nicht gestorben war, sondern sich nur aus dem wilden Leben zurückgezogen hatte. Wer war nun verrückt, die Menschen oder Brian?

»Als ich erfahren habe, dass du noch am Leben bist, habe ich mich sofort ins Auto gesetzt und bin auf dem kürzesten Weg hierher gefahren. Du kannst dir sicher sein, dass ich nicht der Letzte bin, der dich heute besuchen wird. Ihr lebt wirklich am Ende der

Welt, aber heute wird der Weg für keine Zeitung, keinen Radio- oder Fernsehsender zu weit sein. Das weißt du sicherlich auch gut genug. Zum Glück habe ich gegenüber den Anderen zwei oder drei Stunden Vorsprung.«

»Du bist doch nicht gekommen, um mir das zu berichten?« konnte Brian nicht verstehen.

»Du hast recht. Ich bin aus rein persönlichen Gründen gekommen. Als du scheinbar gestorben bist, habe ich auf deinem Begräbnis überhaupt nicht geweint. In den Zeitungen stand, dass ich dich als Nummer Zwei schrecklich gehasst und dir den Tod gewünscht habe. Aber ich möchte dir sagen, dass ich auf dem Begräbnis nur wegen des Vertrags mit Williams nicht geweint habe. Darin steht schwarz auf weiß, dass der Fahrer, der die Nummer Zwei trägt, im Falle des Ablebens der Nummer Eins in der Öffentlichkeit nicht trauern darf. Damit die Zuseher die Rennen nicht zu hassen beginnen. Du hast das wahrscheinlich nicht im Vertrag, ich aber schon.«

»Schöne Geschichte,« nahm sich Brian diese nicht besonders zu Herzen. »So etwas steht wirklich nicht in meinem Vertrag, dafür gibt es andere Dummheiten. Zum Beispiel, dass das Team alle Pokale behält. Ich habe nicht einmal den Pokal des Weltmeisters. Was sagst du dazu?«

Die Nummer Zwei schüttelte nur den Kopf, als wolle er sagen, das ist wirklich nicht menschlich.

»Was meine Beisetzung betrifft, das braucht dich nicht zu wurmen. Ich habe sie mir genau angesehen. Du warst solide traurig,« lächelte ihm Brian zu.

»Aber lassen wir das! Ich möchte nur nicht, dass sie in den Zeitungen etwas allzu Dummes schreiben. Wir beide waren glänzende Ausnahmen, nie haben wir gestritten. Es ging uns immer ums Team, um den gemeinsamen Erfolg. Viele meinen, dass ein Rennfahrer für sich fährt, nur für sich, was im Grunde genommen stimmt. Doch du weißt selber, dass wir uns der Stallorder unterworfen haben.«

»Das stimmt. Doch weiß ich immer noch nicht, warum du auf unser Gut gekommen bist, um mir darüber einen Vortrag zu halten.«

»Gleich wirst du es erfahren. Schau, ich habe mir den Fuß gebrochen. Beim Konditionstraining. Ich werde am Sonntag nicht fahren können. Unsere Fahnen kann nur der Jungspund Thomas hochhalten. Natürlich wird Herr Williams noch einen Neuling in sein Team holen. Aber in Anbetracht dessen, dass du die Strecke in Adelaide gut kennst, dass dein Vater dort schon einmal gewonnen hat, dass du dich vom Automobilsport verabschiedest… Und vor allem deswegen, weil bald die ganze Welt weiß, dass du nicht gestorben bist – würdest du am Sonntag fahren? Du kannst zwar nicht mehr Weltmeister werden, Schumacher hat einen zu großen Vorsprung, doch gemeinsam mit Thomas könnt ihr für unser Team noch den Titel in der Konstrukteursweltmeisterschaft erobern. Du weißt wahrscheinlich, dass wir beide, Williams-Renault und Ferrari, gleich viele Punkte in der Konstrukteurswertung haben. Am Sonntag wird sich entscheiden, wer den Titel bei den Konstrukteuren holt.«

»Hau ab!« wies ihn Brian grob ab. »Du behauptest, mein Freund zu sein und möchtest mich wieder in diesen wahnsinnigen Sport treiben.«

»Ich habe nur gedacht…«

»Geh, bitte, und komm nicht wieder!«

Die Nummer Zwei verließ das Gut mit hängendem Kopf. In seinen Augen sah man, dass es ihm wirklich leid tat.

Nach einigen Minuten läutete das Telefon. Aha, die Zeitung ist bereits erschienen.

»Niemand meldet sich!« Brian East schnellte hoch. »Es gibt mich nicht mehr. Ich bin – tot!«

Der alte Brian hob den Hörer ab. Sicher hätte er wieder aufgelegt, wenn nicht am anderen Ende der Leitung ein Europäer gewesen wäre. Es war niemand anderer als Mihelic.

»Hey, Kumpel, sag mal, stimmt das, was Radio BBC gerade veröffentlicht hat, dass Brian East am Leben ist? Dass er gar nicht gestorben ist?«

»Stimmt,« antwortete ihm Novak auf Slowenisch. Beide Easts beobachteten ihn aufmerksam, als ob sie sagen wollten: »Pass auf, was du sagst.« Natürlich verstanden sie kein Wort.

»Das ist doch sein Gut, oder? Kannst du ihn kurz ans Telefon holen?«

»Er wird sich nicht melden. Aber du kannst allen Zuhörern und –sehern berichten, dass Brian East wirklich noch am Leben ist. Am Leben und gesund. Ins Grab hat man einen leeren Sarg gelegt.«

»Ich muss mit ihm sprechen. Ich muss ihn dazu überreden, am Sonntag in Adelaide zu fahren. Wegen des alten Williams! Ich habe erfahren, dass es ihm schlecht geht. Ich weiß nicht, wo er im Moment ist, wahrscheinlich in Australien. Sein letzter Wunsch ist es, dass Williams-Renault heuer wenigstens den Konstrukteurstitel holt. Eigentlich würde ihm dieser Titel noch mehr bedeuten als der Weltmeistertitel. Und die Konstrukteursweltmeisterschaft kann nur Brian East für ihn gewinnen. Geld spielt hier keine Rolle. Auch alles andere wird er in die Wege leiten. Er soll nur fahren. So könntest du dich am besten bei Herrn Williams für die Akkreditierung in Deutschland revanchieren.«

»Ich werde es versuchen, aber ich kann nichts versprechen. Jetzt häng schön den Hörer auf und beruhige dich. Die Easts werden im nächsten Moment das Telefon abschalten. Das haben sie auch das letzte Mal getan, glaube nicht, ich sei das gewesen. Nun, wenn jemand Brian überzeugen kann, dann bin ich das. Servus und weiterhin einen sanften Schlaf, mein lieber Nicki!«

»Warte, warte einen Moment! Sag ihm – «

Der alte East riss den Telefonkabel samt Steckdose aus der Wand. Die Verbindung zur Welt war gekappt.

»Wenn ich an deiner Stelle wäre, würde ich das Rennen trotzdem bestreiten...« schlug Novak vorsichtig vor. »So könntest du der ganzen Welt zeigen, dass du keine Angst vorm Rennfahren hast, sondern dass du dich über die verrückte Welt lustig gemacht hast.«

»Das ist ein Märchen für den kleinen Brian!« winkte East ab.

»Gerade eben habe ich erfahren, dass Williams sehr krank ist und stark auf dich zählt.«

»Der ist vor jedem Rennen sehr krank. Und wenn wir gewinnen, würde er am liebsten drei Tage und drei Nächte feiern.«

»Schon bei der Nachricht über deinen Scheintod hat es ihm das Herz zerrissen. Ganz sicher war auch die Neuigkeit, dass du lebst, ein ziemlicher Schock für ihn.«

»Das Leben ist grundsätzlich schockierend!«

»An deinem Grab hat er ein paar schöne Worte über dich gesagt. Wenn ich mich recht erinnere, hat er gemeint, dass sie dich im Team zwar irgendwie ersetzen werden, ganz sicher nicht aber in der Formel 1.«

»Dann sollen sie mich doch auch am Sonntag ersetzen...«

»Verstehst du seine Worte denn wirklich nicht? Er hat dich über alles andere emporgehoben, es ging ihm nicht um persönlichen Nutzen.«

»Aber jetzt tut es das...«

Novak suchte immer neue Worte, doch er konnte East nicht erweichen. Alles, was er erreichte, war, dass Brian am Ende anerkannte:

»Frank ist ein guter Mensch. Er lebt wirklich nur für den Sport. Wer sonst würde mit einem solchen Gesundheitszustand so viel opfern?«

Danach ging es los. Es war verrückter, als man es sich vorstellen konnte. Auf dem Gut fanden sich innerhalb weniger Stunden hunderte Fotografen und Schaulustige ein. Die Fotoapparate klickten, die Fernsehkameras surrten, die Menschen sprangen herum wie Kängurus. Alles kam ihnen ungeheuer toll vor.

»In was für einer wunderbaren Wildnis unser Brian lebt!«

»Das ist ein wahres Paradies auf Erden. Ich würde sofort hier leben wollen.«

»Und was für ein hübsches Kind er mit dem M-Mädchen hat!«

An diesem Tag waren die Schafe die schönsten Tiere der Welt und ihr Blöken die schönste Melodie.

Brian nahm Zuflucht im Gartenhaus auf der Rückseite des Hauses. Er wollte niemanden empfangen. Er hoffte, dass die Belagerung bis Sonntag nachlassen würde, dann hätte er wieder Ruhe. Oder aber die Polizei käme ihn holen. Falls sie ihn findet.

Er war überzeugt davon, dass ihn niemand verraten würde, weder der Vater noch der Sohn. Doch er irrte sich gewaltig. Auf ein Mal raschelte etwas im Türschloss. Der Schlüssel des Vaters.

»Mein Sohn, wir, die wir aus diesem Sport den größten Schaden davongetragen haben – wir haben sozusagen alles verloren, nämlich unsere Gesundheit – blicken anders auf die Welt als ihr Jungen!« stellte der Vater fest. Hinter ihm wartete mit hoffendem Blick niemand geringerer als Frank Williams persönlich.

»Brian, komm her, dass dich der alte Frank noch einmal umarmen kann. Du bist wirklich am Leben, du bist wirklich lebendig! So einen begabten Rennfahrer wird es so bald nicht wieder geben. Hauptsache ich weiß, dass du lebst.«

Brian konnte nicht anders als den alten Frank auf seinem Rollstuhl zu umarmen.

»Wir haben uns folgendermaßen abgesprochen, mein Sohn!« meinte der Vater ernst. »Du hast nichts zu verlieren. Gewinnen kannst du jedoch viel. Für dich und für das Team von Williams. Morgen wirst du zum Training gehen und am Sonntag wirst du das Rennen fahren. Nicht für dich, nicht für mich, für Frank Williams, der dich hier, in seinem Rollstuhl, darum bittet. Er meint, dass er – wenn er könnte – dich auf Knien bitten würde. Er versteht dich gut und verurteilt deine Entscheidung nicht. Auch er wird sich nach dem Rennen in Adelaide zurückziehen und die Arbeit seinem Sohn überlassen. Es ist sein letzter Wunsch, dass du noch einmal dein Glück für Williams-Renault versuchst. Er will dich nicht mit der Pflicht zu siegen belasten, er möchte sich nur mit Ehren von den Fans verabschieden. Und das würde dir auch nicht schaden, mein Sohn!«

Brian East kniete vor Williams Rollstuhl nieder und gab sich einen Ruck.

»Gut, Frank. Ich werde es machen. Vor allem für Sie. Ich werde Ihren letzten Wunsch erfüllen. Weil Sie immer ein wahrer Mensch waren!«

Stündlich kamen mehr und mehr Menschen auf Easts Farm. Trotz der Hitze kamen sie von überall her. Sie kamen über alle vier Wege auf die Farm, und einer nach dem anderen landete auf ihrem Rollfeld.

Brian hatte plötzlich die Nase voll von allem. Er rief Linda, Doktor Wood und Novak zu sich und sagte ihnen, sie sollten sich bereithalten. Schnell liefen sie vom Gartenhaus zum Flugzeug. In der nächsten Minute waren sie schon in der Luft. Brian kreiste dreimal über das Landgut, dann winkte er allen mit der Hand und rief ihnen zu:

»Adelaide, ich komme zu meinem letzten Rennen!«

VII.
Das letzte Rennen

Mihelic ist nicht im Studio • Schumacher Trainingsschnellster • East kommt von der Rennstrecke ab • Pech für den Weltmeister • Der goldene Punkt • Williams verabschiedet sich mit Tränen • Der kleine Brian unterrichtet seinen Vater • Ungewöhnliche australische Gesetze • Offengelegter Hintergrund

Nach dem Samstagstraining, bei dem Schumacher Trainingsschnellster wurde und East zweiter, erreichte Novak eine überraschende Nachricht. Zu der Konferenz über Kängurus in Adelaide war offensichtlich auch Mike Green angereist. Dieser suchte ihn persönlich auf und teilte ihm mit:

»Bei Easts letztem Rennen wird sich etwas für die ganze Welt Schicksalhaftes zutragen. Ich schlage Ihnen daher vor, das Rennen aufmerksam zu verfolgen. Wir Grünen sind auf eine Sonderaktion vorbereitet. Das sage ich Ihnen im Vertrauen, weil wir – Freunde sind!« Er zeigte auf seine Tasche mit den Videokassetten, grinste und war daraufhin spurlos verschwunden!

Was führen die schon wieder im Schilde? Vielleicht eine zweite Serie von Drohbriefen. Vielleicht haben sie eine neue Art der Erpressung erfunden. Seinem Gesichtsausdruck nach zu urteilen, handelte es sich um etwas Außergewöhnliches. Novak beschloss, den etwas ungewöhnlichen grünen Mann die ganze Zeit im Auge zu behalten.

Das wäre ihm auch gelungen, wenn man ihm nicht aus der Heimat die Mitteilung in das Pressezentrum geschickt hätte, dass er das Formel-1-Rennen für das slowenische Fernsehen live kommentieren solle.

»Die Bildübertragung und der Ton nach Europa sind bestellt. Wir möchten die Gelegenheit nützen, das entscheidende Rennen auch im slowenischen Fernsehen live zu senden. So hat es der Intendant entschieden. Viel Glück!«

Novak war verwirrt. Er hatte keine Ahnung vom Kommentieren. Ihn hatte schon immer mehr das Geschehen hinter den Kulissen interessiert, das Hauptgeschehen hat er lieber den Experten überlassen. Doch konnte er sich der Anordnung des Intendanten nicht widersetzen. Er machte sich auf den Weg in die Reporterkabine, wo er sich gewissenhaft auf die Übertragung vorbereitete. Er schrieb eine längere Einleitung, damit er sie später nicht aus dem Stegreif machen musste.

»Hier in Adelaide ist es schrecklich heiß. Gestern wurden sechsunddreißig Grad Celsius im Schatten gemessen, heute aber erwarten wir einen Temperaturanstieg auf vierzig Grad Celsius. Trotzdem haben sich auf den Straßen einer der größten Städte Australiens um die zweihunderttausend Rennbegeisterte versammelt. Adelaide ist stolz darauf, hier regelmäßig den bestbesuchten Grand Prix des Jahres zu veranstalten. Für das letzte Rennen der Saison versprechen die Organisatoren wie auch einige Andere eine spannende Abrechnung...« Na, es geht ja. Er war sich nur nicht sicher, ob er den Zusehern wirklich sagen sollte, dass auch einige Andere – dabei hatte er an die Greenpeace Aktivisten gedacht – eine interessante Abrechnung versprachen. Wenn er es ihnen sagte, würde man mancherlei erwarten, wenn nicht, würde er ihnen möglicherweise eine große Sensation vorenthalten. Nichts da, er würde es ihnen berichten, dann soll geschehen, was geschieht. Wenn nichts passiert, würde er sich schon etwas ausdenken.

Ah, wie er in diesem Moment die Hilfe seines Kollegen Mihelic brauchen würde! Damit er ihm sagt, was die schwarze, die grüne und die rote Flagge bedeuten. Und was man vor dem Rennen betonen sollte und was währenddessen. Und was für die Zuseher überhaupt interessant ist. Soll er das Bild auf dem Bildschirm kommentieren oder seinen Gedanken freien Lauf lassen? Er fühlte sich noch dreimal verlorener als Brian East auf der Rennstrecke.

Vor sich hatte er drei Monitore. Auf dem zentralen Monitor sah er das Bild, das man auch in Europa am Bildschirm hatte, auf dem zweiten hatte er unzählige Daten vor sich. Ach, es wird schon irgendwie gehen. Er wird das erzählen, was ihm im jeweiligen Augenblick in den Sinn kommt.

Er setzte sich die Kopfhörer auf und bekreuzigte sich. Gott möge ihm beistehen und alle Heiligen im Himmel. Er wusste nicht, ob es für Automobilfans und Journalisten einen eigenen Schutzheiligen gab. Er war jedoch davon überzeugt, dass ihm schon ein Heiliger, ein Sankt Mark, der Reporter, beistehen würde.

Kaum hatte er die Kopfhörer aufgesetzt, kündigte eine Stimme den Beginn der internationalen Übertragung an. Sie hatte kaum zu Ende gesprochen, als Novak schon mit seiner live gesprochenen Einleitung begann:

»Hier in Adelaide ist es schrecklich heiß. Gestern wurden sechsundsechzig Grad Celsius im Schatten gemessen, heute erwartet man einen Temperaturanstieg auf vierzig Grad Celsius. Trotzdem haben sich auf den Straßen über zweihundert Leute versammelt...«

»Blödmann, du bist noch nicht auf Sendung! Jetzt ist nach alter Gewohnheit erst einmal die Werbung dran,« hörte er von der Fernsehzentrale aus Ljubljana.

»Und es kann keine sechsundsechzig Grad Celsius heiß sein und es werden über zweihunderttausend Zuschauer erwartet!«

Novak überkam eine solche Hitze, dass er fast ohnmächtig wurde. Er schwitzte aus jeder einzelnen Pore seines Körpers. Verzweifelt rief er in sein Mikrophon:

»Ich bitte euch, schickt nach Mihelic! Ich habe keine Ahnung von Formel-1-Rennen. Ich bin hier nur als Sonderkorrespondent. Ich muss einen gewissen Green überwachen, damit ich verhindern kann, dass er eine Bombe auf die Rennstrecke wirft. Niko wird in der Lage sein, mehr aus dem Studio zu berichten, als ich es hier live vor Ort kann.«

Er bekam keine Antwort, von der Fernsehzentrale bekam er nur den Hinweis, dass er in fünf Sekunden auf Sendung gehen würde.

»Geschätzte Zuseherinnen und Zuseher, in Adelaide ist es schrecklich heiß. Wie Sie sehen können, gibt es hier Rennbegeisterte in Hülle und Fülle. Das Rennen wird sogleich beginnen. Wegen des Höllenlärms kann ich nichts hören. Ich hoffe, dass es wenigstens daheim vor den Fernsehbildschirmen weniger laut ist...« Er holte weiter aus, um keine offensichtlichen Fehler zu machen.

Wie auf Bestellung wurde wieder Werbung eingespielt.

»Konzentriere dich allein auf das Rennen,« riet ihm jemand von der Regie. »In sieben Sekunden bist du wieder auf Sendung!«

Novak glaubte, dass ihn der Schlag treffen würde. In fünf Sekunden, in sieben Sekunden, als ob das Leben einzig und allein aus Sekunden bestehen würde! Wie geht es wohl erst den Rennfahrern, wo Hundertstelsekunden entscheiden?

»Pass auf, nun wird es ernst! Diese Werbung haben wir nur deinetwegen eingeschoben.«

»Liebe Zuhörer, nun wird es ernst. Die Werbung ist vorbei, auch alles andere ist auf seinem Platz. Jeden Augenblick wird die Aufwärmrunde beginnen. Die Mechaniker haben sich von den

Die Formel des Todes

Rennfahrern entfernt, Brian East richtet sich nervös den Helm mit der Brille zurecht... Das heißt, mit dem Visier ... Sein Gesicht ist unter dem Helm bestimmt schweißgebadet, genauso das des Weltmeisters Schumacher... Wie Ihnen ja bekannt ist, starten in der Aufwärmrunde alle aus den gleichen Positionen wie danach im Rennen, wenn es um die Punkte geht... Der nicht zu stoppende Michael startet dieses Jahr schon das siebente Mal aus der besten Startposition. Er könnte diesen Platz ja allmählich einem anderen überlassen, aber der Weltmeister lässt niemanden in seine Nähe... Aber vielleicht wird heute Brian East gewinnen, der auch »der Tote« genannt wird. Wahrscheinlich wissen nicht alle Zuschauer, dass Brian vor Kurzem offiziell noch als tot galt. Aber extra für das Rennen in Adelaide ist er, wenn ich mich metaphorisch ausdrücken darf, von den Toten auferstanden. Auf besonderen Wunsch von Frank Williams hin, der heute auch von seinem Lebenswerk Abschied nimmt. Es ist also nicht nur das letzte Rennen in diesem Jahr, sondern auch ein großes Abschiedsrennen... Verehrte Zuhörer, alle Rennfahrer sind schon auf ihren Plätzen und, ja, die Aufwärmrunde hat begonnen! Es führt Schumacher, gefolgt von Brian East und den anderen.«

In seinen Kopfhörern war wieder Werbungen zu hören. Bereits nach den ersten Takten der Reklame herrschte ihn jemand an:

»Dummkopf, das ist Fernsehen und kein Rundfunk! Und das Fernsehen hat Zuschauer, keine Zuhörer! Schweig' besser, statt Dummheiten zu erzählen. Die Aufwärmrunde fahren sowieso alle hintereinander. Erzähl' lieber etwas Interessantes, sonst lass' das Bild sprechen. Achtung, in drei Sekunden bist du wieder auf Sendung!«

»Liebe Zuschauerinnen, in Adelaide ist es sehr heiß. Das Thermometer hat soeben zweihundert Grad erreicht. Na ja, ich wollte sagen, dass das Öl in den Rennwagen diese Temperatur erreicht hat...«

Wieder Werbung!

Man wird ihn noch ganz fertig machen mit dieser Werbung! Dann kehrte eine lange Stille ein. Novak verstummte. Was will man denn jetzt von ihm?

»Reiß dich bitte zusammen! Wir haben die Übertragung unterbrochen und eine »STÖRUNG DER INTERNATIONALEN ÜBERTRAGUNG« gemeldet. Den Schriftzug können wir zwanzig, dreißig Sekunden auf Sendung lassen. Währenddessen musst du dich fangen und bitte vernünftiger kommentieren. Bis jetzt hast du nur Dummheiten verbraten. Hast du wirklich noch nie Mihelic zugehört, wie tadellos er die Situation beherrscht?«

Novak versprach, sich zu bemühen.

Plötzlich ereignete sich etwas äußerst Ungewöhnliches. Bisher hatte sich so etwas erst ein einziges Mal zugetragen. In der Aufwärmrunde fuhr Brian East mit seinem Rennwagen einen zu starken Zickzackkurs und flog plötzlich – von der Rennbahn.

»Schnell, schaltet mich auf Sendung! Alle Berichterstatter sind auf den Beinen!«

Die Unterbrechung war augenblicklich aufgehoben. Novak schrie den slowenischen Zusehern entgegen:

»Bin ich auf Sendung? Nun, Sie sehen, ich bin es. Ich höre nichts Gegenteiliges... Geschätzte Zuseher, es ist geschehen, wovor wir uns am meisten gefürchtet haben: Brian East ist von der Rennstecke geflogen. Es scheint etwas mit seinem Wagen nicht in Ordnung zu sein. Vielleicht hat Brian Green, ein Greenpeace Aktivist, seine Lenkstange angebohrt. Als ich vor dem Rennen mit ihm gesprochen habe, deutete er mir mehrere Möglichkeiten an, wie man Fahrer ausschalten kann. Weil East beim Rennen im Mittelpunkt der Aufmerksamkeit steht, haben ihm die grünen Männer ein Bein gestellt. Wissen Sie, hier in Australien ist soeben eine Internationale Konferenz über Kängurus zu Ende gegangen...«

Er hörte plötzlich ein Knacken in seinen Kopfhörern und dann erfreulicher Weise die ruhige Stimme von Niko Mihelic:

»Geschätzte Zuseherinnen und Zuseher, verzeihen Sie die Verspätung, die bei der Übertragung des letzten Formel-1-Rennens der Saison in Adelaide entstanden ist. Ich hoffe, dass mit den internationalen Leitungen nun alles in Ordnung ist und es zu keinen weiteren Störungen mehr kommen wird. Wie wir soeben gesehen haben, hat sich in Adelaide etwas ereignet, was nur sehr selten geschieht: Bereits in der Aufwärmrunde ist Brian East, der Favorit des heutigen Rennens, von der Rennstrecke abgekommen...« Er sprach fließend und gekonnt weiter, so, als ob er drei Wochen in Adelaide gewesen wäre. Obwohl er das Rennen nur vom Studio in Ljubljana aus kommentierte.

»Auch gut!« atmete Novak auf. Zwei werden sicherlich nicht benötigt. Vernünftiger wäre, die Grünen zu beobachten und Material für seine Sonderreportage zu sammeln.

Als er aus der Reporterkabine hinaus trat, sah er auf dem großen Bildschirm vor der Haupttribühne zuerst Brian, der sich abmühte, den Rennwagen wieder auf die Rennstrecke zu schieben, danach das enttäuschte Gesicht von Frank Williams. Es wurden so viele überzeugende Worte über die Sache gemacht, dass sich Brian ehrenhaft verabschieden konnte – und wertvolle Punkte für die Mannschaft von Williams-Renault erzielen, vielleicht gar entscheidende Punkte – und dann so ein unehrenhafter Abgang. Was hat er nur mit dem Auto gemacht! Vielleicht hatte es doch einer von den Grünen sabotiert?

Brian East ließ man am Rand der Strecke stehen. Weil es auf dem beinahe geraden Teil der Rennstrecke geschehen war, behinderte er niemanden. Der Wahrheit zuliebe muss man aber anmerken, dass sich auch keiner mehr für ihn interessierte. Der Platzsprecher sagte nur:

»Bedauernswerter Brian East.«

Danach wurde es ernst. Die Wagen begaben sich an den Start. Die Atmosphäre war zum Zerreißen gespannt. Als alle Rennfahrer wieder auf ihren Plätzen positioniert waren – es fehlte nur East – wurde mit der grünen Flagge das Zeichen gegeben, die Ampel auf grün zu schalten. Eins, zwei, drei, Start!

Es dröhnte so laut auf, dass man meinte, ganz Adelaide würde einstürzen. Der Start hatte geklappt. Ungewöhnlich schnell startete Irwine, auch Borelli und Thomas waren unter den Ersten. Zusammen mit noch drei anderen.

Jeder wusste es: Wer als erster in die Kurve fährt, wird einen entscheidenden Vorsprung haben. Mehrmals hatte das schon den Sieg bedeutet.

Die Ersten kamen gut durch die Kurve, bei den Hinteren gab es ein Gedränge. Plötzlich gab es nicht mehr genug Platz für alle. In der Kurve fanden sich fünf Wagen auf einem Haufen. Einer fuhr auf den anderen auf, und sie versperrten die Rennstrecke zur Gänze.

Das Rennen wurde abgebrochen. Und was jetzt? Nach einer kurzen Beratung stoppte man mit der roten Flagge alle Rennfahrer und signalisierte ihnen, an den Start zurückzukehren.

»Welch ein Glück für Brian East,« rief der Platzsprecher. »Das hat Gott höchst persönlich für Brian East getan.«

In der Zwischenzeit brachten die Mechaniker East den Reserverennwagen. Zum Glück war er noch von den vorigen Rennen auf ihn eingestellt.

»Das große Rennen der Konstrukteure beginnt von Neuem!« schrie der Sprecher in sein Mikrophon. »Wird das Williams Team oder das von Ferrari siegen? Wird nach der Rückkehr von Brian East der letzte große Wunsch des guten alten Frank in Erfüllung gehen oder wird das Ferrari-Lager einen Vorsprung herausholen?

Die Statistik zeigt, dass das Glück bisher öfter auf Williams' Seite war. Wird es auch dieses Jahr so sein?«

Novak machte sich vollkommen ruhig zur Ehrentribüne auf, wo das Rennen auch von Linda und – nun, interessant, interessant! – dem kleinen Brian verfolgt wurde. Weil niemand der Verdächtigen, besonders keiner in grüner Greenpeace-Bekleidung in ihrer Nähe stand, ging er hinter die Absperrung zu den Zuschauern. Es war merkwürdig: Die Mehrheit der Besucher wünschte sich, in der Nähe der wichtigen Personen des Rennsportes zu sein, ein Sonderkorrespondent hingegen drängte sich unter die gewöhnlichen Menschen.

Start!

Das zweite Mal begann das Rennen so, wie es sein sollte. Alle fuhren in die erste Kurve ein wenig vorsichtiger hinein und fuhren sie ohne Zusammenstöße aus. Schon nach der ersten Runde ordneten sie sich in einer langen Reihe, sodass es keine Gefahr für erneute Zusammenstöße gab. Zumindest nicht am Anfang. Die Platzierung war irgendwie doch überraschend. Wie erwartet, führte Schumacher, es folgten Häkkinen und Hakayama, Vierter war Irwine, Fünfter Thomas und Sechster East. Dieser war ziemlich schlecht gestartet und konnte sich auch nicht nach vorne kämpfen.

»Wenn es so bleibt, dann wird der Konsturkteurstitel an Ferrari gehen. Wie wir wissen, bekommt der Sieger zehn Punkte, der Zweite sechs, der Dritte vier, der Vierte drei, der Fünfte zwei und der Sechste einen Punkt. Wenn es bei dieser Platzierung bleibt, wird das Ferrari-Team heute zusammen dreizehn Punkte einfahren, zehn davon Schumacher und drei Irwine, das Williams-Renault-Team hingegen lediglich drei Punkte.«

Bis zum Schluss waren noch mehr als zwanzig Runden zu fahren. Die Strecke von Adelaide war an sich schwierig zu fahren und auch die unerträgliche Hitze trug das ihre dazu bei. An diesem Tag wurden tatsächlich im Schatten siebenunddreißig Grad Celsius gemessen, auf der Strecke war es doppelt so heiß. Deshalb war es nicht verwunderlich, dass ein Motor nach dem anderen versagte, und auch so mancher Fahrer hielt die große Anstrengung nicht durch.

Novak feuerte Brian East begeistert an. Seinen sechsten Platz konnte nichts und niemand gefährden, aber vorerst konnte er sich auch nicht weiter nach vorne kämpfen. Erst drei Runden vor dem Ende gelang es ihm, auf den fünften Platz zu fahren, doch einen Augenblick danach überholte ihn Borelli, sodass er wieder Sechster war.

Das Ende des Rennens war eines der spannendsten überhaupt. Hakayama wollte im oberen Teil der Rechtskurve Häkkinen überholen, die beiden Wagen berührten sich und beide flogen von der Strecke. Die Platzierung knapp vor Schluss war folgendermaßen: Es führte Schumacher, gefolgt von Borelli, Dritter war Irwine, auf den vierten Platz hatte sich East vorgekämpft, Fünfter war Thomas und Sechster Brandelli.

»Wenn es so bleibt, dann geht der Konstrukteurstitel an Ferrari,« stellte der Platzsprecher fest. »Schumacher und Irwine werden für das Team zusammen vierzehn Punkte erkämpfen, East und Thomas aber nur fünf Punkte. Der Abschied von Frank Williams von der Formel 1 wird leider nicht so ausfallen, wie er es sich gewünscht hatte.«

Gleich darauf kam es zum großen Umschwung. Die Hitze forderte ein weiteres Opfer: Aus dem Motor des neuen Weltmeisters begann es zu rauchen.

Die Menge war auf den Beinen. Wird Schumacher oder gar ein anderer siegen? Wird das Team von Ferrari oder Williams-Renault siegen?

»Vielleicht haben die Grünen gar ihre Hände bei Schumacher im Spiel...« überlegte Novak und drängte sich zum großen Bildschirm.

Der Wagen von Schumacher heulte noch dreimal auf, es rauchte sehr stark aus ihm heraus und – Schluss! Bis zum Ziel waren es nunmehr gute hundert, vielleicht hundertzwanzig Meter.

In dem Moment geschah etwas vollkommen Außergewöhnliches, was Novak noch bei keinem anderen Rennen gesehen hatte. Schumacher öffnete hastig seinen Sicherheitsgurt, sprang aus seinem Wagen und begann, diesen in Richtung Ziel zu schieben.

»Meine lieben Zuseher, auch das ist erlaubt! Nach den Regeln des Rennsports darf der Fahrer sehr wohl sein Auto ins Ziel schieben. Natürlich darf ihm dabei kein anderer behilflich sein.«

Es war kurz gesagt enorm aufregend und komisch. Besonders jetzt, als Borelli mit voller Geschwindigkeit den schiebenden Schumacher überholte.

»Sieg! Bereits der zweite Sieg in diesem Jahr für Borelli, der für McLaren fährt!«

Schumacher schob den Wagen wie verrückt. Noch zwanzig Meter, noch zehn... Wenige Meter vor dem Ziel überholte ihn Irwine.

»Zweiter Irwine von Ferrari. Irwine hat für sein Team sechs Punkte erkämpft.«

Auf den letzten Metern vor dem Ziel wurde Schumacher noch von zwei weiteren Fahrern überholt: East und Thomas. Beides Fahrer von Williams-Renault. Und – es konnte nicht wahr sein, war es aber doch – einen Meter vor der Ziellinie ließ noch jemand von den zurückliegenden Fahrern den Weltmeister hinter sich, es war wohl Tokoriko. Schumacher schob seinen Wagen als Siebenter ins Ziel.

»Ein einmaliger sportlicher Zug von Weltmeister Michael Schumacher. Was der Motor nicht vermochte, vollbrachte der große Schumi mit seinen eigenen Händen. Und wenn wir alle Punkte zusammenzählen, bekommen wir das Ergebnis, das... Das...« Auch der Platzsprecher konnte seine Verwunderung nicht verbergen. »Ferrari erzielte beim heutigen Rennen sechs Punkte, das Team von Williams-Renault jedoch – unglaublich, unglaublich! – sieben Punkte! Das Team Williams-Renault hat gewonnen!«

Auf dem großen Bildschirm wurde das Gesicht von Frank Williams in Großaufnahme gezeigt, Tränen liefen über sein Gesicht. Sein Wunsch ist doch noch in Erfüllung gegangen...

Als Brian East aus seinem Wagen stieg, war Frank Williams der Erste, der bei ihm war. Auf seinen Lippen konnte man folgende Worte erahnen:

»Danke, Brian, danke für den goldenen Punkt!«

Im Team von Williams-Renault wurde sofort ein großes Fest gefeiert. Dafür gab es zwei Gründe: Nicht nur, dass sie den Konstrukteurstitel geholt hatten, sondern Brian East stand auch als Dritter am Podest. Gratulationen, Umarmungen und Strömen von Champagner wurde kein Ende gesetzt.

Als die australische Flagge als dritte gehisst wurde, stimmte die zweihunderttausendköpfige Menge die australische Hymne an. Im Gegensatz zu den Rennen in Europa gab es hier nur sehr wenige nicht-australische Fans, obwohl einige Tausend Andere gekommen waren. Viele natürlich auch deshalb, weil sie wissen wollten, ob Brian East wirklich noch am Leben war, oder ob es sich nur um eine Zeitungsente handelte.

Brian East konnte seine Zufriedenheit nicht verbergen. Obwohl er nicht gewonnen hatte, war er überglücklich. Noch nie zuvor hatte er die anderen Fahrer so lange mit Champagner übergossen. Den Menschen aus aller Welt warf er die ganze Zeit Kusshände zu und winkte ihnen zu.

»Was, wenn sie ihm jetzt erst recht nach dem Leben trachten?« durchfuhr es Novak, als er in der Menge, die von der Haupttribüne auf die Strecke stürmte, mehrere Männer in Grün entdeckte. Ja, auch das wäre möglich! Sie warteten, dass er für sein Team die nötigen Punkte einfuhr, um jetzt endgültig mit ihm abzurechnen.

Rasch schob er sich in die Menge, doch die ließ ihn nicht durch. Brian zeigte sofort nach der offiziellen Bekanntgabe des Gewinners des Konstrukteurstitels eine schöne Geste. Er schenkte seinen Pokal vor allen Anwesenden Frank Williams. Es war einfach schöner, dass er dies vor den Augen der Zuseher tat.

»Wenn es Sie nicht gäbe, gäbe es überhaupt nichts. Deshalb soll Sie dieser kleine Pokal für immer an mein letztes entscheidendes Rennen erinnern.«

»Danke, Brian!« bedankte sich der alte Frank mit Tränen in den Augen. »Und, falls du einmal in einer verzwickten Situation sein solltest, rechne mit mir!«

An diesem Tag geriet er noch dreimal in verzwickte Situationen. Zuerst auf der Pressekonferenz. Nachdem Borelli und Irwine gesprochen hatten, wurde das Wort auch an Brian East gerichtet. Sie fragten ihn nicht, warum er unter die Toten gegangen war, sondern, warum es ihm nicht wenigstens in seinem letzten Rennen gelungen war, Borelli und Irwine zu besiegen.

»Wie soll ich sagen… Ich war ziemlich nervös, was sich schon in der Aufwärmrunde zeigte… Wissen Sie, man muss bei diesem Sport die ganze Zeit über voll dabei sein, ansonsten lässt man es besser bleiben…« Er wusste, dass es das Beste wäre, die Wahrheit zu sagen.

Da sprang plötzlich ein Bub mit strubbeligen Haaren, dem Drittplatzierten ungewöhnlich ähnlich, vor die Kamera.

»Mein Papa hat deshalb heute nicht gewonnen, weil er vergessen hat, wie man die letzte Linkskurve fahren muss.«

Es war natürlich der kleine Brian, der sich aus Lindas Armen befreit hatte.

Der Regisseur, der für die Übertragung der Pressekonferenz verantwortlich war, ließ sich nicht beirren und setzte die Aufnahmen ohne Unterbrechung fort. Auch der Gesprächsleiter bewies seine Geschicktheit:

»Heißt das, du wirst mal besser sein?«

»Natürlich werde ich das, weil mir ja nichts anderes übrig bleibt. Opa hat mir erzählt, dass er Papa nur deshalb zum Fahren überredet hat, damit er sich über einen Sieg auf der heimischen Rennstrecke freuen kann. Und er fuhr die Kurve so, dass wir beide gelacht haben...«

»Wie? Soll das heißen, dass dein Papa deiner Meinung nach nicht der beste Fahrer ist?«

»Er hat überhaupt keine Ahnung!«

Alle platzten vor Lachen und das M-Mädchen streckte ihre Arme nach dem kleinen Brian aus.

»Nun, der kleine Brian, ihr Sohn, wird in Zukunft genug Zeit haben, um sich unter Beweis zu stellen. Wir, verehrte Zuseher, verabschieden uns von Ihnen mit der Meldung, dass der McLaren-Fahrer Borelli gewonnen hat, und East und Thomas für das Team Williams-Renault im entscheidenden Rennen genug Punkte für den Weltmeisterschaftssieg herausfuhren. Auf Wiedersehen!«

Noch einmal kam die Nummer Zwei zu East und gratulierte ihm. Die Fernsehübertragung endete, nur auf der großen Leinwand für die Zuseher entlang der Strecke waren noch Bilder zu sehen.

Es schien Novak, als ob die Nummer Zwei zu ihm sagte:

»Danke Brian, die neue Saison werden wir jetzt sehr viel unbelasteter angehen.«

Kurz darauf zeigten sich die drei Glücklichen auf der Leinwand: Brian, Linda und der kleine Brian.

»Das riecht nach Hochzeit,« rief jemand in der Nähe.

»Es soll ruhig danach riechen,« meinten andere. »So werden wir Australier in gut zehn Jahren einen neuen Weltmeister haben. Wenn ihn die Mutter in diesem entscheidenden Moment hergebracht hat, wird sie das auch später tun.«

Die Menge begann sich langsam aufzulösen, als vor der Box von Williams das geschah, was Greenpeace angekündigt hatte. Hinter dem Zaun erschien nämlich Mike Green und an einer Leine führte er ein zwei Meter großes – Känguru.

»Ich bitte Sie, Herr Nowakowski, könnten Sie bitte Brian rufen?!« fragte er sanft.

»Was hat er denn mit Kängurus am Hut?«

»Oh, so einiges.«

Novak erlaubte sich die Feiern mit der Nachricht zu unterbrechen, dass hinter der Absperrung jemand mit einem Känguru auf Brian wartete.

»Also, wenn es die Polizei wäre, würde ich es noch glauben, aber ein Känguru!« Weil er aber besonders gut gelaunt war, ging er dennoch hinaus um nachzusehen, worum es ging.

Mike Green verneigte sich und stellte sich als Novaks bester Freund vor.

»Seien Sie mir nicht böse, aber wir Grünen der ganzen Welt sind von Natur aus friedlich. Manchmal kommen wir vielleicht vom rechten Weg ab, aber ansonsten würden wir niemandem ein Haar krümmen. Als wir das letzte Mal eine gemeinsame Beichte bei unserem spirituellen Vordenker ablegten, hat er uns geraten, Gewalttaten zu entsagen. Wir haben vereinbart, von nun an niemandem mehr Drohbriefe zu schreiben, sondern die Welt nur mit Güte und Liebe zu verändern. Und weil wir von Greenpeace angenommen haben, dass Sie in Monza nur wegen uns von der Strecke geflogen sind, wollen wir Ihnen als Zeichen der Versöhnung dieses außergewöhnliche Exemplar eines Kängurus schenken. Es ist ein Weibchen. Sie ist zwei Meter dreiunddreißig groß, im Jahr wird sie fünf Junge haben und ihre Sprungkraft ist überdurchschnittlich.«

Brian und Novak wussten nicht ob sie lachen, oder ihn fortjagen sollten.

»Ist es das, wovon du mir vor dem Rennen erzählt hast?«

»Natürlich ist es das, was denn sonst? Du weißt doch selbst, wie schwer es war, sie während des Rennens in dieser Baracke dort drüben zu halten. Am liebsten hätte sie sich gleich mit mir das Rennen angesehen.«

»Meine Lieben, kommt her! Seht was für ein Geschenk man mir gemacht hat!« Tatsächlich kamen einige Leute zur Absperrung, unter ihnen Doktor Wood.

»Woher haben sie denn diesen – Riesen?« war Brians Leibarzt sichtlich beunruhigt.

»Ich weiß es nicht. Man hat sie irgendwo eingefangen. Wir hatten sie die ganze Zeit über auf der Konferenz über die Ausrottung der Kängurus dabei. Sie tat mir vom ersten Moment an so leid, dass ich ihr die ganze Zeit über Futter brachte. Sie hat mir die Aufmerksamkeit zurückgegeben, indem sie jeden Abend zu mir in den Park schlafen kam. In diesen sieben Tagen wurden wir unzertrennliche Freunde. Unser spiritueller Vordenker hat recht: Liebe lässt Liebe wachsen, Hass den Hass. Und deshalb schenke ich sie nun, um den alten Hass zu begraben, Ihnen, Herr East!«

Alle sahen sich spitzbübisch an, als wollten sie sagen, das ist aber ein besonderes Geschenk.

»Was soll ich denn mit ihr machen?« rief Brian. »Wird sie meine Post holen?«

»Vielleicht,« antwortete Doktor Wood. »Wir können ihr sicher auch noch andere Dinge beibringen, obwohl ich dafür eintrete, dass wir Kängurus nicht zähmen, sondern sie nach wie vor in ihrer natürlichen Umgebung lassen. Wir müssten ihnen nur beibringen, dass sie noch einige Meter weiter springen. Erst dann können wir alle ruhig schlafen.«

»Aber natürlich!« klatschte Brian so begeistert in die Hände, dass das Känguru davon sprang. »Das Geschenk nehme ich mit Freuden an, und dann gebe ich sie in deine Obhut. Du hast doch gesagt, dass du dich mit ihnen beschäftigen willst, oder?«

»Nur mit großen Exemplaren und nur ihretwegen.«

»Also abgemacht, geben Sie sie mir. Vielen Dank für die Aufmerksamkeit, so ein Geschenk habe ich noch nach keinem Rennen bekommen.«

Mike Green händigte Brian traurig die Leine aus und machte dabei ein säuerliches Gesicht:

»Passen Sie auf, dass sie am Leben bleibt, ich habe sie ins Herz geschlossen!«

Bis jetzt hatte das keiner der Anwesenden gewusst, doch es passierte tatsächlich: Kängurus können auch weinen. Aus ihrem Augenwinkel kullerte eine Träne, so groß wie eine Haselnuss.

»Adieu, mein lieber Freund, ich halte es nicht mehr aus,« sagte Mike Green und ging weinend davon.

Die dritte verzwickte Situation des Tages sollte bald darauf noch mehr Tränen verursachen als die zweite. Vor dem Boxeneingang erschienen plötzlich Polizisten.

»Ist Brian East, der Formel-1-Fahrer hier?«

»Ja,« erschauerte Brian.

»Sie müssen mit uns kommen.«

»Warum denn?« fragte Frank Williams aus dem Hintergrund und fuhr mit dem Rollstuhl etwas näher heran.

»Wir haben hier einen Haftbefehl. Sie haben sich doch einiges zu Schulden kommen lassen: Vortäuschen des Todes, Dokumentenfälschung, Irreführung der Öffentlichkeit…«

»Den Australier würde ich gerne sehen, der Brian East gerade heute einsperren möchte,« sagte Frank Williams. »Können wir eine Kaution zahlen?«

»Das können sie, wir haben einen Finanzbeauftragten dabei.«

Nach fünf Minuten war alles erledigt. Frank Williams musste eine ordentliche Summe zahlen und drei Dokumente unterzeichnen, damit Brian in Freiheit blieb.

»Sieht fast so aus, als ob wir doch nicht ungeschoren davonkämen...« meinte Doktor Wood. »Dieser Scherz ist doch etwas zu weit gegangen. Na ja, wir werden es schon überleben... Ich mache mir nur Gedanken, wer in der Zwischenzeit auf meine Freundin hier aufpassen wird.«

Er meinte natürlich das Känguru.

»Da wird es keine größeren Schwierigkeiten geben,« meldete sich in diesem Moment wie aus heiterem Himmel Patrizias Anwalt William Bruck in der Box von Williams-Renault. »Das Känguru werden wir in die Obhut des kleinen Brians geben, und euch werde ich bei der Verhandlung vertreten. Sie erinnern sich doch noch an mich?!«

»Sind sie alleine hier?« sorgte sich Brian.

»Ich bin allein, ja. Beruflich. Ich werde mich später mit Patrizia treffen, wenn ich euren Fall abgeschlossen habe.«

»Diese Anwälte sind wirklich immer dort, wo es Geld gibt,« lächelte der alte Frank.

»Nun, dafür haben wir wirklich einen siebten Sinn,« fuhr der Anwalt ungestört fort. »Lasst mich auch zuerst sagen, es wird euch sicher interessieren, dass ich und Patrizia noch heuer heiraten werden. Wahrscheinlich irgendwo am Genfer See, oder auf den Malediven. Und so eine Hochzeit ist teuer. Damit wir nicht zu viel von unserem Kapital ausgeben, brauche ich noch etwas Kies. Eigentlich habe ich schon alles bis in die Einzelheiten durchdacht. Wenn Sie möchten, können Sie alle drei schon in diesem Augenblick frei sein. Es wird nur eine Kleinigkeit zu bezahlen sein und ihr werdet dieses Bündel an Papieren unterschreiben müssen.«

»Ist das überhaupt möglich?« Brians Augen blitzten auf. Es hatte ihn schon sehr überrascht, dass man ihn nicht schon vor dem Rennen behelligt hatte, und dass man auch bei der Schlussfeier seinen Tod überhaupt nicht erwähnte.

»Alles ist möglich, mein lieber Brian!« bestätigte Anwalt Bruck. »Zum Glück hat ihr Nachbar Jankovic Patrizia und mich letztens aufgenommen und so sind wir noch am selben Tag in Sydney angekommen. Weil ich den Lauf der Dinge vorhergesehen hatte, machte ich mich sofort daran, die australischen Gesetze zu studieren. Und was besagt Artikel neunundachtzig der australischen Verfassung?«

»Nun, was sagt er?« blickten ihn alle gebannt an. Am ungeduldigsten waren Brian, Linda und Wood.

»Er besagt, dass vom Jahre siebzehnhundert neunundneunzig an, also dem Jahr, in dem die australische Verfassung angenommen wurde, die sowohl für Einheimische als auch für Zuwanderer gilt, das Vortäuschen des Todes, das Fälschen von amtlichen Papieren und ähnliche Gesetzesübertretungen mit der härtesten Strafe geahndet werden...«

Alle drei sahen sich schon hängen.

»Und die wäre...?« fragte Williams mit zugeschnürter Kehle.

»Und die ist bis zum heutigen Tage gleich.«

»Sag schon, bevor mich der Schlag trifft!« Williams griff sich ans Herz.

»Die Strafe in diesem Fall ist besonders streng: Lebenslange Verbannung auf unbewohntes Land. Das Gesetz wollte eben großmütig sein. So konnten die Verurteilten ganz Australien besiedeln.«

»Könnte man uns zum Beispiel... Ich frage nur... Auf das Gut von Brian East verbannen...?« stotterte Brian.

»Ich glaube, dass sie das können!« bestätigte der Anwalt. »Aber ihr werdet die Gerichtskosten tragen müssen, Stempelmarken im

Wert von zweihundertzwanzig Dollar, Kosten für die Verbannung und natürlich den Anwalt, mich!«

Linda fiel Brian um den Hals.

»Das heißt, das wir überhaupt nicht ins Gefängnis müssen!«

Der kleine Brian umarmte die Beine seiner Eltern und fügte hinzu: »Und wenn du zu Hause bist, erlaubst du mir dann, Gokart zu fahren. Sonst geh ruhig in dieses Gefängnis!«

East streichelte seinem Sohn über den Kopf und nickte wohlwollend.

»Und wie hoch sind die Anwaltskosten?«

»Recht günstig. So viel, wie der Treibstoff für den Flug vom Gut nach Sydney kostet.«

Bevor noch irgendjemand etwas sagen konnte, meinte Frank Williams entschlossen:

»Unser Geldbeutel ist heuer ungewöhnlich voll. Wir haben nur fünf Autos zerstört, die Ausgaben blieben unter den Erwartungen und die Sponsoren waren besonders großzügig. Dieser Treibstoff geht auf meine Kosten!«

»Aber das ist eine halbe Million Dollar!« sagte der Anwalt. »Anders war es nicht möglich, die Papiere im Vorhinein vorzubereiten.«

»Auch mir ist zu Ohren gekommen, wie Sie und Patrizia angereist sind. Was ich sage, das gilt. Geben Sie mir einen Kugelschreiber, damit ich den Scheck gleich ausstellen kann.«

Und so geschah es auch. Obwohl es bis zum Nikolaus noch gute zwei Monate waren, zeigte sich der gute alte Frank wie der Heilige aus der Legende.

»Danke, Frank, und noch alles Gute!« Brian East gab ihm dankbar die Hand.

»Nicht der Rede wert! Mehr als Geld bedeutet mir der Ruhm. Eigentlich habe ich dir nur das zurückgegeben, was du heute für unser Team erkämpft hast.«

Mark Novak stellte fest, dass es für ihn nichts mehr zu tun gab. Er reichte Brian die Hand und meinte bescheiden:

»Danke, dass ich dich persönlich kennenlernen durfte. Du bist ein großer Mensch.«

»Wirst du kein Buch über mich schreiben?!« sah er ihm direkt in die Augen. »Über den Freund Brian East von der Merinoschaf-Farm.«

»Das werde ich nicht. Hast du es nicht in der Zeitung gelesen? In drei Tagen erscheinen bei drei internationalen Verlagen die »Erinnerungen von Patrizia East an ihren Mann Brian, den Formel-1-Fahrer.« Alles ist bis ins kleinste Detail geplant. Die Memoiren werden noch vor der Hochzeit mit William erscheinen…«

»Na, das wird eine interessante Lektüre,« lachte Brian. »Aber Linda und ich werden es garantiert nicht lesen. Trotzdem, danke für alles was du für uns getan hast.« Als er ihm die Hand gab, überlegte er es sich plötzlich: »Eigentlich wäre es nie so gekommen, wenn es dich nicht gäbe. Ich muss mich dir irgendwie erkenntlich zeigen. Was wünschst du dir denn? Eine Villa am Stillen Ozean, eine Reise um die Welt, einen Rennwagen auf dem Hof?«

»Nur, dass ich möglichst schnell wieder nach Hause komme. Und… Moment, das wäre glaube ich nicht schlecht… Wie wäre es denn, wenn ihr mich wieder einmal auf ein Rennen einladen würdet? Die Formel 1 hat begonnen, mich mehr zu interessieren, als alle anderen Sportarten zusammen.«

»Auch das lässt sich regeln,« nickte Frank Williams. »Bevor ich heute alle Funktionen an meinen Sohn übergebe, wirst du für deine Verdienste um den Automobilsport eine Dauerkarte für alle Formel-1-Rennen erhalten. Und für den Grand Prix von Australien werden wir, damit du Brian bald wieder besuchen kannst, noch ein Flugticket beilegen. Zufrieden?«

»Zufrieden!« nickte Novak. »Mit dem Zusatz, dass beides, falls ich es nicht schaffe, auf einen Namen übertragbar ist: Niko Mihelic.«

»Gut!« willigten alle ein. »Die Karten für Rennen und Flug gelten für beide Namen.«

Noch am selben Tag erfuhr es Mihelic in Ljubljana. Wer weiß, was er in diesem Moment dachte, aber er meinte fast ein bisschen zu selbstbewusst:

»So ist's auch richtig! So kannst du wenigstens nicht mehr so viel Mist bauen, wie bei der Übertragung aus Adelaide. Außerdem habe ich deinen Golf aus der Werkstatt geholt und alles bezahlt. So ist keiner dem anderen etwas schuldig. Halt die Ohren steif, altes Haus!«

Sofort, als das Flugzeug in Richtung Europa abhob, schlief Mark Novak ein. Er träumte davon, wie er als junger Journalist jeden Tag sieben Mal auf den Markt gehen musste, um zu fragen, wie viel der Salat kostet. Als er nach fünfundzwanzig Stunden irgendwo über Ljubljana erwachte, gähnte er laut und sagte zu sich:

»Was für ein Traum! So einen lebhaften Traum hatte ich schon lange nicht mehr!«

Auf dem Flughafen Brnik setzte er sich beruhigt in seinen Golf und brauste neuen Abenteuern entgegen. Wow, wie er dahinflog! Schneller als jeder Formel-1-Wagen.

Uber den Autor

Ivan Sivec ist der produktivste und beliebteste slowenische Schriftsteller, der bis dato schon 127 Bücher verfasste. Die Leser leihen sich seine Arbeiten schon seit Jahren mit großer Begeisterung in Bibliotheken aus, darum gehört er zu den slowenischen Autoren mit der höchsten Anzahl an ausgeliehenen Büchern. Für seine Arbeiten erhielt er zahlreiche Preise und Auszeichnungen.

Am 23. Mai 1949 geboren, stammt aus dem kleinen Dort Moste pri Komendi, das ungefähr 20 Kilometer von der slowenischen Hauptstadt Ljubljana entfernt liegt. Schon seit Jahrzehnten lebt er aber in Menges̆, in der unmittelbaren Nähe seines Geburtsortes.

Er beendete das Studium der Slawistik an der Philosophischen Fakultät in Ljubljana, wo er später auch seine Magisterarbeit an der Abteilung für ethnologische Wissenschaften verteidigte.

Bis zur Rente in 2005 arbeitete er als Journalist und Redakteur für Radio Slowenien, dem slowenischen nationalen Radiosender, wo er zahlreiche eindrucksvolle Reportagen über interessante Menschen, Bräuche und Orte, die er während seiner Arbeit kennen lernte, gestaltete.

Zahlreiche seiner Arbeiten wurden dramatisiert, einige auch nachgedruckt. Nach Vorlage seiner Jugendromane Der vergessene Schatz, Die Einbrecher arbeiten im Sommer, Das verhexte Haus und Der Prinz auf dem weißen Pferd wurden Filme und TV-Serien gedreht, die nicht nur jüngere Zuschauer begeisterten.

Der Schriftsteller Ivan Sivec schafft verschiedenste Literaturgattungen: historische Romane und Geschichten (wie z. B. über die Römer, den Ersten Weltkrieg usw.), bibliographische Romane (über den größten slowenischen Dichter Prance Preše̦ren, den Komponisten und Violinisten Guiseppe Tartini, den Architekten Jože Plečnik und zahlreiche andere), sozialpsychologische Romane (zum Thema von Selbstmorden unter Jugendlichen, AIDS, Drogenabhängigkeit …), Abenteuerromane, Reisebeschreibungen (über Alaska, Australien, Neuseeland, Südamerika …), Denkschriften, Bücher mit sportlicher Thematik (Ereignisse hinter den Kulissen der Formel 1, des Fußballs, Skisports, Skispringens …), Buchreihe für Jugendliche (in welcher bis dato 13 verschiedene Geschichten erschienen), Bilderbücher und Bücher für die Allerjüngsten, humorvolle Erzählungen und zahlreiche andere.

Er schrieb auch über das Phänomen der Avsenik-Musik: Im Buch Slavko Avsenik und seine Original Oberkrainer, wie schon der Titel erahnen lässt, widmete er sich der Lebensgeschichte der berühmten Brüder Vilko und Slavko Avsenik, die nicht nur in Slowenien als Erfinder der Unterhaltungsvolksmusik gelten, sondern auch im breiteren europäischen Raum. Das Buch entführt die Liebhaber der Unterhaltungsvolksmusik an die ersten Anfänge des musikalischen Weges des beliebten Ensembles der Brüder Avsenik und verfolgt ihre Entwicklung bis zu der offiziellen Auflösung dieser Spitzenmusikgruppe, die in zahlreichen Hinsichten als Weltphänomen gilt.

Über das Phänomen der Avsenik-Musik erschien 2015 auch ein elektronisches Buch in deutscher Sprache.

Der vielseitige slowenische Kunstschaffende Ivan Sivec ist nicht nur ein beliebter Schriftsteller, sondern auch ein edler Dichter.

In seiner reichen Schaffensgeschichte verfasste er mehr als 2.500 Texte für die Unterhaltungsvolks- und Unterhaltungsmusik. Seine Liedtexte werden von den beliebtesten slowenischen Ensembles und Musikern interpretiert, unter anderem auch von den berühmten Ensembles der Brüder Avsenik, Slak, Mihelič, dem Alpenoberkrainer und vielen anderen.

Über die Entwicklung der Unterhaltungsvolksmusik in Slowenien verfasste er ein umfangreiches Buch in zwei Teilen mit dem Titel Die besten Musikanten.

Für mehr Informationen klicken Sie auf den Links unten.

ivan.sivec.net/de/
www.ivan.sivec.net
www.facebook.com/ivan.sivec.de

www.ingramcontent.com/pod-product-compliance
Lightning Source LLC
Chambersburg PA
CBHW071717090426
42738CB00009B/1799